Nuevo Mes De María: Ramillete De Flores Misticas Compuesto De Egercicios [sic] Y Devotas Prácticas Para Obsequiar Á María Santísima En El Mes De Mayo Y Ocuparse En La Imitación De Sus Virtudes...

Benet Sanz i Forés

El Escmo. Sr. D. Juan Bruneli, Nuncio apostólico en España, por su decreto de 24 de Febrero de 1853, concedió 80 dias de indulgencia á todos los fieles que pública ó privadamente hicieren el Mes de María, valiéndose de las meditaciones de este libro.

El Escmo. Sr. D. Pablo García Abella, Arzobispo de esta Diócesis, concede 80 dias de indulgencia, 40 el Sr. Obispo dimisionario de Avila, y otros 40 el de Segorbe, por cada una de las meditaciones, oraciones, jaculatorias, afectos y demás prácticas del mismo.

Entre todas las devociones del cristiano, ninguna hay que mas pronto se apodere, y mas dulces emociones haga sentir á toda alma inclinada á la piedad, que la devocion á María; porque es hija del amor, madre de la santa confianza, de la pureza y de todas las virtudes, que forman el variado ropage de las esposas del Cordero.

El hombre ha nacido para amar, y este sentimiento se identifica tanto con su corazon que constituye una parte esencial de su existencia. Aun no sabe sentir, y ya ama; aun no pronuncia una sola palabra, y encuentra ya mil signos para espresar su amor; y este amor se fija sobre todo en su Madre. Lo que sucede en el órden de la naturaleza, se repite tambien en el de la gracia. En cuanto el hombre nace para Dios, en cuanto la piedad domina en su corazon, se apodera de él el amor y ama á su Madre, ama á María, y la ama con un amor ardiente, con un amor tierno, con un amor inesplicable, con el amor de un hijo. Pertenecer á Jesus, y no amar á María, es imposible, y es casi mas fácil renunciar á la fe, es mas fácil olvidarse de Dios, que dejar de amar á esta Madre cariñosa. Díganlo sino tantos pecadores, tantos apóstatas convertidos de nuevo, solo por conservar en su corazon un resto de amor y devocion á la Santísima Vírgen, y que á esta debieron el verse libres de la condenacion eterna.

He aquí por qué la historia de la devocion á María se confunde con la historia del Cristianismo, y sus términos y su duracion son los de la Iglesia; esto es, los términos del mundo, la duracion de los siglos.

Pero entre las prácticas de esta devocion no se encuentra otra tan halagüeña, tan consoladora y tan útil como la del *Mes de María.* En él, reconociéndola por Reina del Cielo y de la tierra, le ofrece el hombre los tributos de la naturaleza con sus flores, y con ellas el homenage de su corazon; reconociéndola por su Maestra, acude á sus templos, como á una escuela donde aprende la leccion de sus virtudes, y reconociéndola en fin por su Madre, le manifiesta su amor, le espone sus miserias, agradece sus beneficios, le pide bendiciones, y las recibe copiosas, porque á manos llenas las derrama sobre los que la obsequian y la aman.

Promover mas y mas entre los fieles esta devocion, y cooperar á que se obtengan los frutos que de ella deben esperarse, es el obgeto que me propongo al publicar este nuevo MES DE MARÍA, retribuyendo con este corto obsequio los favores sin término que debe mi alma á la Madre de los pecadores.

Al efecto, he dispuesto las meditaciones para cada dia del mes, recorriendo todos los hechos principales de la vida de María Santísima, y fijándome, no tanto en las gracias y favores especiales con que Dios la enriqueció, cuanto en el fruto que sacó de estas gracias, y en las virtudes que adornaron su alma, haciéndola toda hermosa á los ojos del Señor. De este modo, no solo admiran á María sus devotos, sino que aprenden á imitarla en los varios estados de su vida. Ademas he formado otras 31 meditaciones sobre las virtudes de nuestra dulce Madre, escogiendo las principales, y tomando por base las cedulitas que durante el mes se reparten entre los fieles que practican este egercicio, para que el Mes de María sea para ellos una escuela de perfeccion, y un estudio de las virtudes que deben adornar á las almas consagradas á María. Constante siempre en la misma idea, en vez de los egemplos históricos que suelen ponerse en estas obritas, he entresacado los pasages de la vida de los mayores amantes de María, en que resalta mas su devocion, y se aprende á honrar á esta Señora con actos propios verdaderamente de hijos y siervos suyos.

Ojala que todos se aprovechen de este libro, y hallen en él un nuevo estímulo para amar á María, y amarla como ella quiere ser amada, con el amor propio de un hijo que imita á su Madre, oye su voz y la obedece, se complace en su gloria, jamás la ofende, y se esfuerza porque de todos sea amada y respetada. Ojala que al ofrecer á María flores naturales, le presenten tambien sus amantes las flores místicas de las virtudes, que son frutos de honor y honestidad. Y ójala en fin, que viniendo este libro á manos de algun pecador, sea el medio de que Jesus y María se valgan para convertirle y hacerle feliz en el tiempo y en la eternidad. Mis votos se verán entonces cumplidos, me consideraré recompensado con largueza, y esclamaré como María: mi alma engrandece al Señor, y mi espíritu se regocija en Dios mi Salvador, porque ha hecho cosas grandes el que es poderoso y santo en su nombre, y su misericordia se ostenta de generacion en generacion sobre los que le temen (1).

INSTRUCCION

PARA LA PRÁCTICA DE ESTOS EGERCICIOS.

Las flores de María son frutos de honor y de riqueza; y sus ramos son de

(1) Luc. I. 46.

honor y de gracia, como dice ella misma
en el Eclesiástico (1), esto es, son frutos
de honor y de gloria para Dios y para María, y de riqueza y gracia para nosotros.
He aquí, pues, los dos obgetos que el
cristiano debe preponerse en la práctica
de los egercicios del Mes de Mayo. 1.° Glorificar á Dios, que concedió á María tantos y tan sublimes privilegios como en ella
reconocemos, hontando tambien á esta
Señora, que con sus virtudes se hizo digna de las miradas del Altísimo. 2.° Enriquecer nuestras almas con la imitacion de
estas virtudes, atrayendo sobre nosotros
las gracias y bendiciones que María concede á sus devotos. Lo primero se consi-
gue con la meditacion de los privilegios y
virtudes de esta Señora; lo segundo, con
la aplicacion hecha á nosotros mismos de
las lecciones que nos dá en todos los estados de su vida, invocando su patrocinio
para practicarlas.

(1) Eccl. XXIV. 23.

Siguiendo la piadosa costumbre introducida en todas partes, se adornará el altar de la Santísima Vírgen con flores naturales, de que con tanta profusion se cubren en este mes los campos, y que nos sirven á un tiempo de símbolos de las virtudes de María, y de las flores místicas que procuramos presentarle en su mes. Estando así dispuesto, se da principio al egercicio el dia 30 de Abril, en esta forma.

Penetrados los devotos de María de la importancia y grandeza de lo que hacen, y puestos en la presencia de Dios con el acto de contricion y oracion preparatoria, se leen y meditan por un prudente espacio de tiempo los tres puntos de la meditacion diaria, fijando la atención en las virtudes de María, que en ella resaltan. Concluida la meditacion, se ofrecen al Señor estas virtudes como flores criadas en el purísimo corazon de María (valiéndose para esto de la oracion que se pone para todos los dias), pidiéndole por su intercesion la gracia necesaria para practicarlas, y presentándole finalmente, por mano de María Santísima, como flores nacientes en nuestro corazon, los propósitos que en la oracion hemos formado.

Despues se lee el obsequio propio del dia y la práctica que debe ser el fruto de la meditacion; y se saluda á la Santísima Vírgen con la Salve y preces que la acompañan, pudiéndose omitir la primera si parece demasiado largo el egercicio. Finalmente, se reza el Santo Rosario ó el Trisagio Mariano, y se concluye con una de las letrillas en honor de la Santísima Vírgen.

Para que estas flores no se marchiten y se sequen sin dar fruto, debe procurarse entre el dia recordar los afectos y propósitos hechos en la oracion, usar de algunas jaculatorias, oir la Santa Misa, y guardar él recogimiento posible. Sobre todo debe hacerse exámen sobre la práctica de las virtudes propuestas, por lo menos cada diez dias; procurando siempre tener dispuesto el ramillete místico de las flores de María, para ofrecerlo á la Santísima Trinidad, y el de las propias para presentarlo á esta Señora, y por su mano á Dios, el dia 1.º de Junio, destinado á la renovacion de todos los buenos propósitos, hechos en el mes, á la consagracion de sí mismos á la Santísima Vírgen, y finalmente á lucrar la Indulgencia Plenaria concedida á los que se egercitan en estos obsequios.

Feliz el alma que en este dia ofrezca os dos ramilletes propuestos, y merezca que sean de olor suavísimo al Señor, como formados de las flores aromáticas de todas las virtudes. Habrá glorificado á Dios y honrará á María, y recibirá bendiciones del cielo, que serán el preludio de la felicidad sin término prometida á los verdaderos hijos y devotos de María.

A María Vírgen, concebida sin pecado,
toda hermosa y sin mancha á los ojos de
Dios,
fuente sellada por toda la Beatísima Trinidad,
huerto cerrado donde solo entra el Rey
inmortal de los siglos,
Paraiso del Adan celestial defendido con
espada de fuego, para que no le in-
ficione la culpa original;
A la Hija, Esposa y Madre de Dios,
A la Reina de los Ángeles y de los hombres,
A la Madre de los pecadores:

SEÑORA.

Mi alma ha recibido de Vos inmensos
y singulares beneficios; que han labrado
mi felicidad sobre la tierra, y espero me
harán feliz en la eternidad. ¿Qué os daré
pues, Madre mia, reconocido á tantos fa-

vores? Mi corazon ya es vuestro, pero es muy pobre; y aun cuando os amase mil veces mas de lo que os ama, os amaria muy poco. Mi entendimiento, mi memoria, mi voluntad, mis talentos, mi cuerpo y mi alma están ya consagrados á Vos, pero todo es como nada, para lo que Vos mereceis y lo que yo os debo; pues os lo debo todo, y Vos mereceis el amor de todo un Dios. Yo quisiera ofreceros los corazones de todos los hombres, haciendo que todos me ayudasen á amaros, y quiero emplearme toda mi vida en lograrlo cuanto pueda.

Ved aquí, Señora, el fin que me he propuesto al formar este ramillete de flores místicas. Vos sabeis que mi único deseo es que los hombres os conozcan, os admiren, os amen y os imiten. Yo he puesto los medios, haced Vos que se logre el fin. Aceptad mi pobre obsequio, y dad vuestra bendicion á este librito, para que cada una de sus palabras sea una flecha ardiente que hiera el corazon de los Cristianos, y los haga hijos amantes del vuestro. ¡Oh María! bendec d á cuantos lo tomen en sus manos, bendecidme á mí, que os lo ofrezco en testimonio de mi gratitud y mi amor, y me creeré con esto recompensado con largueza. Si quereis que os pida mas, os suplico, Madre mia, que no perezca ninguna alma que os ofrezca en vuestro mes este ramillete de flores; que no perezca tampoco yo, que con este libro deseo atraeros nuevos amantes. Os pido esta gracia, porque sé que podeis concedérnosla, puesto que en vuestras manos está nuestra salud (1).

Ea pues, Señora, acoged benigna mi súplica, aceptando el cortísimo obsequio que consagrándoos esta obrita os hace vuestro indigno esclavo=B. S.

(1) Gen. XLVII. 25.

CONVITE

QUE HACE MARÍA SANTÍSIMA

A LOS CRISTIANOS

PARA QUE ACUDAN Á ELLA EN SU MES,

sacado de las palabras de la Sagrada Escritura.

Hijos de los hombres ¿hasta cuándo sereis duros de corazon? ¿Por qué buscais la vanidad, y amais la mentira? (1) La gloria de la carne es como el heno del campo (2): todo en el mundo es concupiscencia de la carne, concupiscencia de los ojos, y soberbia de la vida (3); todo es

(1) Ps. IV. 3.   (2) Isai XL. 6.
(3) I Joann. II. 16.

vanidad y afliccion de espíritu (1): y ¿qué le importa al hombre ganar todo el mundo, si pierde su alma? (2)

Venid á mí (3), hijitos mios (4), para que sea cumplido vuestro gozo (5). Yo salí de la boca del Altísimo, primogénita entre todas las criaturas, yo hice que naciese la luz indeficiente (6), que ilumina á todos los hombres que vienen á este mundo (7): en mí está toda la gracia del camino y de la verdad: en mí toda esperanza de vida y de virtud (8); porque para vuestra salud me ha enviado Dios (9).

Jerusalén, Jerusalén, ¿ cuántas veces quise reunir tus hijos, como la gallina junta sus polluelos bajo de sus alas, y no quisiste (10)? Venid á mí (11). He aquí que

(1) Eccl. I. 14. (2) Math. XVI. 26.
(3) Math. XI. 28. (4) l. Joann. II. 1.
(5) Joann. XV. 11. (6) Eccl. XXIV. 5.
(7) Joann. I. 9. (8) Eccl. XXIV. 25.
(9) Gen. XLV. 5. (10) Luc. XIII. 34.
(11) Math. XI, 28.

viene el estío (1), ya pasó el invierno, se fue la lluvia y se retiró; las flores aparecieron en nuestra tierra (2). Rodeadme de flores, porque desfallezco de amor (3), y os amé con amor perpétuo (4), aun antes de ser formados en el útero (5). Rodeadme de flores: mis flores son frutos de honor y honestidad (6). Yo soy la flor del campo, y el lirio de los valles (7), y me ensalcé como rosa en Jericó (8), y como vid eché fruto de suave olor (9).

Pasad pues á mi lado los que me codiciais, y llenaos de mis frutos (10), frutos del espíritu; caridad, gozo, paz, paciencia, benignidad, bondad, longanimidad, mansedumbre, fe, modestia, continencia

(1) Cant. II. 11. (2) Cant. 12.
(3) Cant. II. 5. (4) Hier. XXXI.
(5) Hier. I. 5. (6) Eccl. XXIV. 23.
(7) Cant. II. 1. (8) Eccl. XXIV. 18.
(9) Eccl. XXIV. 23. (10) Eccl. XXIV. 26.

y castidad (1). Comed, amigos, bebed y embriagaos (2) : los que me comen aun tendrán hambre, y aun tendrán sed los que me beben (3).

Venid hijos y oidme (4); porque el que me escucha no será confundido, y los que obran por mí no pecarán (5).

Yo soy Madre (6), ¿acaso puede una madre olvidar á su infante, y no compadecerse del hijo de sus entrañas (7)? Venid, si sois pequeños, comed mi pan, bebed el vino que os he mezclado (8), creced y multiplicaos (9), y así luzca vuestra luz delante de los hombres, que vean vuestras buenas obras, y glorifiquen á vuestro padre celestial (10).

Yo soy madre del amor hermoso (11):

(1)   Gal. V. 23. (2) Cant. V. I.
(3)   Eccl. XXIV. 29. (4) Ps. XXXIII.
12.   (5)   Eccl. XXIV. 30.   (6)   Eccl. 24.
(7)   Isai XLIX. 15.   (8)   Prov. IX. 4.
(9)   Gen. VIII. 17.   (10)   Math. V. 16.
(11)   Eccl. XXIV. 24.

perseverad en mi amor (1); porque yo amo á los que me aman (2).

Yo soy madre del temor (3): venid, hijos, oidme, y os enseñaré el temor del Señor (4), el temor que es el principio de la sabiduria (5), el temor que es fuente de la vida (6) y corona de regocijo (7).

Yo soy madre de la ciencia (8). Venid á mí (9), escuchad la doctrina, y sed sabios, y no querais desecharla. Bienaventurado es el hombre que me oye, y vela á mis puertas cada dia, y está de acecho en los postigos de mi puerta: el que me halláre, hallará la vida y alcanzará salud del Señor (10).

Yo soy madre de la santa esperanza (11): venid á mí todos los que trabajais y

(1) Joann. XV. 9. (2) Prov. VIII. 17.
(3) Eccl. XXIV. 24. (4) Ps. XXXIII.
12. (5) Prov. I. 7. (6) Prov. XIV. 27.
(7) Eccl. I. 11. (8) Eccl. XXIV. 24.
(9) Mat. XI. 28. (10) Prov. VIII. 33.
(11) Eccl. XXIV. 24.

estais cargados, y yo os aliviaré (1). No querais confiar en los principes, ni en los hijos de los hombres, en quienes no hay salud. (2). Venid á mí todos, y no temais, pues por vuestra salud me ha enviado Dios (3), para enriquecer á los que me aman (4). Pedid y recibireis (5), pues el Señor me dijo (6): Pide, Madre mia, que no es razon que yo te haga volver el rostro (7).

Esto os he hablado para que tengais paz en mí (8). Ahora pues, hijos, oidme (9). Si me amais (10), perseverad en el amor (11); no de lengua y de palabra, sino de obra y de verdad (12): si me amais,

(1) Math. XI. 28.   (2) Ps. CXLV. 2.
(3) Gen. XLV. 5.   (4) Prov. VIII. 21.
(5) Luc. XI. 9   (6) Ps. II. 7.
(7) 3. Reg. 2. 20.   (8) Joann. XVI. 33.
(9) Prov. VIII. 32. (10) Joann. XIV. 15. (11) Joann. XV. 9. (12) I. Joann. III. 18.

este es mi precepto; que os ameis mútuamente (1). Si me amais, no querais haceros como el caballo y el mulo, que no
tienen entendimiento (2), aprended la
disciplina (3), dejad las obras de las tinieblas, y vestíos las armas de la luz (4),
y revestíos del hombre nuevo que es criado segun Dios en santidad y en justicia
(5). Si me amais, sed perfectos como
vuestro padre celestial (6), y vuestra modestia sea conocida de todos los hombres
(7), para que glorifiquen al Padre que
está en los cielos (8). Si me amais, fruc-
tificad como rosal, plantado sobre las cor-
rientes de las aguas, exhalad olor de suavidad, como el líbano, floreced como el
lirio y dad olor y echad graciosas ramas,
y cantad un cántico de alabanza, y bende-
cid al Señor en sus obras (9).

(1) Joann. XV. 12. (2) Ps XXXI. 9.
(3) Ps. XI 12. (4) Rom. XlII. 12.
(5) Eph. IV. 25. (6) Math. V. 48.
(7) Philip. IV. 5. (8) Math. V. 16.
(9) Eccl. XXXIX. 17.

Hijitos mios, si hiciéreis lo que ós mando (1), bienaventurados sois (2), y cualquiera cosa que pidiereis al Padre en mi nombre os la dará (3), y vuestro corazon se gozará, y nadie os quitará vuestro gozo (4), cuando esto que es mortal se vistiere de inmortalidad (5). Entonces dirá el Rey á los que estuvieren á su derecha: venid, benditos de mi Padre, poseed el Reyno que os está preparado desde el principio del mundo (6). Gozáos, pues, siempre en el Señor; otra vez os digo, gozáos (7), hijitos mios, porque vuestro galardon muy grande es en los cielos (8), pues escrito está (9) : Los que me glorifican tendrán la vida eterna (10).

(1) Joann. XV. 14. (2) Joann. XIII. 17. (3) Joann. XVI. 23. (4) Joann. XIV. 22. (5) I. Cor. XV. 54. (6) Math. XXV. 34. (7) Philip. IV. 4. (8) Math. V. 12. (9) Math. IV. 6. (10) Eccl. XXIV. 31.

ACTO DE CONTRICION.

Dios mio, Padre de las misericordias y Dios de toda consolacion; ved en vuestra presencia á un miserable pecador, á quien habeis criado y redimido con vuestra sangre, y que ingrato os ha ofendido tantas veces. Yo no soy digno de ser llamado hijo vuestro, pues he pecado delante del cielo contra Vos (1); pero aunque polvo y ceniza, me atrevo á postrarme en vuestra presencia (2), y á pediros perdon de mis enormes culpas, que detesto con toda mi alma. Preparado está, Señor, mi corazon para hacer vuestra voluntad (3); hablad, que vuestro siervo escucha (4), iluminad mi entendimiento, y moved mi voluntad para que as ame en adelante, y sea todo

(1) Luc. XV. 21.   (2) Gen. XVIII. 27.
(3) LVI. 8.   (4) I. Reg. III. 10.

vuestro, imitando las virtudes de vuestra Madre Santísima.

Yo os doy gracias, Padre eterno, porque os dignasteis escogerla como la mas perfecta y la mas pura de las criaturas, para que sirviese cumplidamente á los altos designios de vuestra misericordia, porque la hicisteis purísima en su Concepcion, Santísima en su vida, y gloriosísima en su muerte. Dignaos admitir los buenos deseos que me dais de obsequiar á esta Vírgen inmaculada como Madre de vuestro Unigénito. Concededme sentimientos de humildad, reverencia y amor, bastantes para que empleándome en su veneracion y culto, y contemplando sus virtudes, las imite con vuestra gracia, y con ello contribuya á vuestra gloria y á la de esta Vírgen la mas afortunada, y consiga el remedio de mis necesidades espirituales y aun temporales, si me conviene, y sobre todo firmeza en la fe, dilataciou segura en la esperanza, y total aumento en la caridad. Amen.

DIA 30 DE ABRIL.

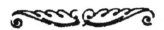

*De los motivos que nos obligan á honrar
á María en su mes.*

Punto 1.º   María es Madre de Dios: ella
es entre todas las criaturas la única que
fue hallada digna de tan sublime carácter,
y lo fue por su humildad y su pureza sin
mancha. Esta dignidad la coloca en una
esfera superior á todo lo criado, y la hace
inferior á solo Dios, que comparte con ella
su gloria y el imperio del universo. La
Religion nos manda honrar y amar á Dios:
¿quién se creerá, pues, dispensado de
amar, honrar y obsequiar á la Madre del
mismo Dios? ¡Alma mia! ¿Si no amas á

María, si no le ofreces el tributo de tu amor y tu gratitud, podrás ser amada de Dios, que es su Hijo? Y si María por tu amor y tus servicios te mira con predileccion, y consiente en ser tu querida Madre, ¿qué no conseguirás de Dios? ¿Qué temerás de parte del infierno y de las criaturas?

2.º María es Madre nuestra. No parece haber sido elegida Madre de Dios, sino para serlo de los hombres. Treinta y tres años vive con su Hijo, y no recibe otra herencia, que el encargo de ser Madre de los pecadores. Dios no se contenta con darnos á su Unigénito; Jesus no se contenta con morir por nosotros, y hacerse una misma cosa con nosotros; quiere que tengamos una misma Madre con él, y al morir nos señala á María, y nos dice: Ved ahí á vuestra Madre (1). La Madre de Dios es digna de todo cuanto pueda imaginarse.

(1) Joann. XXIX. 27.

¡Ay alma mia, cuán grande ha de ser tu amor para que sea digno de esta Madre! ¿Te parece pues mucho consagrarle un mes, la duodécima parte de un año? ¿Te atreverás á negarle un solo instante de este tiempo tan corto?

3.º   María es el canal que nos trasmite las gracias del Cielo. El mismo Dios no quiso comunicarse con nosotros, sino por medio de Maria. Hubiera podido venir al mundo sin nacer de una muger; y sin embargo quiso hacer de ella una escala mística para bajar á nosotros y obrar nuestra redencion; y aun aguardó para ello su consentimiento. ¿Por dónde pues han de venirnos los demas bienes sino por María? A ella se le somete toda la naturaleza, porque se le sometió su autor (1). ¿Qué cosa, pues, será superior á su poder? ¿Qué gracia podrá dejar de conceder á quien la invoque? ¡Ah! si siempre hubiese acudido

(1) Luc. II. 51.

á María, ¿me veria tan culpable, tan débil, tan tibio en el servicio de Dios, y tan pobre de bienes espirituales?

AFECTO.

¡O María, Madre de Dios, Madre de los hombres, y Reina del Universo! Ved aquí ante vuestras plantas á vuestros siervos que vienen á consagraros sus corazones en este mes. Vienen pesarosos de haber pasado un solo dia de su vida sin probaros su amor; y quieren reparar su falta. Os ofrecen flores naturales: haced, Señora, que sus corazones, fecundados en este mes por el rocío de la divina gracia, y cultivados por vuestra tierna mano, produzcan las flores y frutos de vuestras virtudes, para deponerlas tambien á vuestras plantas mientras vivan, y despues en la eternidad. Amen.

ORACION PARA TODOS LOS DIAS.

Gloria á Vos, ¡ oh Dios Padre! gloria á Vos, ¡ oh Dios Hijo!, gloria á Vos, ¡ oh Dios Espíritu Santo!, que enriquecisteis el corazon de María con tantos y tan singulares privilegios, que la elevaron al sublime rango de hija, esposa y madre vuestra. Gloria tambien á Vos, ¡ oh María!, que supisteis cultivar las preciosas semillas que Dios puso en vuestro corazon, haciéndoles producir flores de esquisito perfume, que se exhaló en olor de suavidad en la presencia del Señor (1).

Yo, Dios mio, siervo vuestro, é hijo, aunque indigno, de María, postrado en vuestra presencia para daros gracias por las mercedes que concedisteis á mi Madre, os presento las bellísimas flores de sus virtudes que acabo de contemplar, y os su-

(1)   Eccl. XXIV. 20.

plico que aceptándolas benignamente de mi pobre mano, me concedais la gracia, que necesito, para reproducirlas en mi corazon, cómo hijo de esta Madre, y las bendiciones que por mí os pida esta Señora.

Yo os presento tambien á Vos, ¡oh María!, las flores de los buenos deseos y afectos que me habeis inspirado en esta oracion, y los santos propósitos que en ella he formado con el ausilio de la divina gracia. Cultivadlas, Madre mia, como flores consagradas á Vos, arrancad la maleza de las pasiones que pudieran sofocarlas, defendedlas del huracan furioso de las tentaciones, y haced que produzcan frutos de honor y de virtud, que merezcan ser presentados por Vos á la Trinidad Santísima, y me atraigan el premio que está prometido á los que imitan vuestras virtudes, y os obsequian en este mes de bendicion y de gracia. ¡O María! mostrad que sois mi Madre, y alcanzadme de vuestro Hijo, que despues de una vida pura y santa, disfrute de vuestra compañia en el gozo eterno del Señor. Amen.

JACULATORIA.

Dignare me laudare te, Virgo sacrata. Permitid que me emplee siempre en alabaros, ¡ oh Vírgen sagrada !

OBSEQUIO.

Rezar tres Padres nuestros, Ave Marías y Gloria Patri, dando gracias á las Tres Divinas Personas, por el poder, sabiduría y amor que concedieron á María.

TRES SALUTACIONES Á LA VÍRGEN SANTÍSIMA,

1.ª Yo os saludo, Vírgen Purísima, antes del parto, y tan pura, que fuisteis concebida sin pecado, como Hija del Eterno Padre : purificad mis pensamientos y mis deseos para que sea puro mi entendimiento y mi corazon. *Ave María.*

2.ª   Yo os saludo, Vírgen Purísima en el parto, y tan pura, que concebisteis en vuestro seno virginal al Verbo Eterno por obra del Espíritu Santo, y fuisteis hecha Madre de Dios Hijo: purificad mis palabras para que todas sean castas y agradables á vuestro Hijo y mi Señor Jesucristo. *Ave María.*

3.ª   Yo os saludo, Vírgen Purísima despues del parto, y tan pura, que merecisteis ser templo del divino Espíritu, y en cuerpo y alma ser llevada al Empíreo, y coronada Reina del Cielo y de la tierra, como Esposa del Espíritu Santo; purificad mis obras, para que todas ellas sean santas, y me atraigan las bendiciones de la Trinidad Santísima en el tiempo y por toda la eternidad. *Ave María.*

ORACION

Á LA SANTÍSIMA VIRGEN

PARA TODOS LOS DIAS (1).

—

Dios te salve, inmaculada Vírgen, dulcísima María, concebida sin pecado para ser Madre del mismo Dios, Vírgen llena de gracia en todos los momentos de tu vida, y coronada como *Reina* de cielos y tierra en tu asuncion gloriosa; dígnate ser nuestra maestra, nuestro refugio y nuestra protectora, pues eres *madre de misericordia*, á quien el Señor ha confiado los tesoros de su poder y su bondad, para

(1) El decir ó no esta oracion se deja al arbitrio del que haga el egercicio, segun el tiempo que á él puede consagrarse.

que des á las almas la *vida* de la gracia con la *dulzura* de tu amor maternal. Por tu mediacion y por tus ruegos lo esperamos todo, ó *esperanza nuestra*, y por ello te saludan nuestros corazones, y con el arcángel repiten nuestros labios una y mil veces *Dios te salve.*

A *tí*, que benigna acoges á los que te invocan, y les concedes proteccion y ausilio en sus necesidades, sin cesar *clamamos* en estos dias de bendicion y de gracia para *los* infelices *desterrados hijos de Eva.* Hechos hijos de ira por el pecado de esta Madre, y por los nuestros, somos indignos de presentarnos á nuestro Dios, á quien han irritado nuestras iniquidades; y en nuestra miseria, *á tí suspiramos*, para que nos alcances gracia de tu Hijo, mientras vivimos *gimiendo y llorando* nuestras culpas *en este valle de lágrimas.*

Ea pues, Señora, que al pie de la cruz recibiste el título de Madre, y *abogada nuestra*, defiéndenos de todo peligro, libranos de ofender á Dios en adelante; *vuelve á nosotros esos tus ojos misericordiosos*, para que tu mirada de misericordia haga renacer en nuestras almas la paz y la esperanza, y haga brotar y crecer en nuestros corazones las flores de humildad, de pureza y caridad, que contemplamos en el tuyo, porque solo así mereceremos que *despues de este destierro nos muestres á Jesus, fruto bendito de tu vientre*, y nos lo muestres propicio cual en Belen lo mostraste á los pastores y á los Reyes, y cual lo ofreciste al Padre por la salvacion del mundo.

Oh Reina *clementísima*, oh Madre *piadosa y dulce!* á tus pies nos postramos para que nos defiendas de las asechanzas del enemigo de nuestras almas, cuya cabeza quebrantó tu planta, porque *siempre* fuiste *Vírgen*: ¡oh *María!*, siempre fuiste humilde, siempre *santa*, y por tu humildad y tu pureza digna del título de *Madre de Dios*. Sálvanos, pues, y *ruega por nos-*

otros, y por todos los que se llaman hijos tuyos, *para que seamos dignos de alcanzar las promesas de* tu hijo y *nuestro Señor Jesucristo*, amándole para siempre, y cantando contigo sus infinitas misericordias en el cielo. *Amen.*

PRÁCTICA.

—

Amar á María, obsequiarla é imitarla: he aquí la ocupacion mas digna del cristiano, y el manantial fecundo de bendiciones para su alma. No pasemos, pues, dia alguno sin ofrecerle algun obsequio de devocion, de mortificacion, ó de accion de gracias. Así nos lo enseña el V. Berchmans de la Compañía de Jesus. Preguntado al fin de su vida qué práctica de devocion seria mas grata á la Vírgen Santísima, y mereceria mas su proteccion, respondió: *las mas pequeñas cosas, con tal que se hagan con constancia.* Este piadoso jóven amaba tanto á María, que no sabia hablar mas que de sus grandezas. No descansaré, escribia, hasta lograr un tierno amor á mi dulcísima Madre ; y en otra parte : No me creo seguro mientras no tenga un síncero y filial amor á la Santísima Vírgen; porque si yo amo á María, estoy seguro de mi perseverancia y de alcanzar de Dios cuanto quiera. Consiguiente á sus palabras eran sus acciones. En el recreo, en el estudio, en el campo, en el templo, en todas partes buscaba á María, le pedia su bendicion, obsequiaba á esta buena Madre, y procuraba que todos la obsequiasen, mereciendo por esto una dulce y santa muerte, bendiciendo y amando á la que en vida habia sido Señora de su corazon. ¡O cuán feliz debe ser la muerte del que espira bendiciendo á María!

Ahora se pedirán á la Santísima Vírgen las gracias que se deseen alcanzar de su maternal corazon en este dia.

DIA 1.º DE MAYO.

Acto de contricion; pág. 26.

La inmaculada Concepcion de María.

1.º El poder inefable del Altísimo se desplegó en favor de María desde el primer instante de su Concepcion, preservándola del comun tributo de la culpa original. No podia Dios concederle una gracia superior á esta, ni darle una prueba mayor de amor y predileccion; porque ella fue la mas honrosa para esta Señora, la que la hizo llena de gracia, y bendita entre todas las mugeres, y la base de todas sus grandezas, siendo por lo mismo la que mas apreció su alma. ¡Todo el mundo está manchado con la culpa, y solo María es preservada! Alma mia, ¡cuán horrible es la mancha del pecado, que Dios no pudo consentirlo en su Madre! ¡Qué te importa tenerlo todo ni ganarlo todo, si no estás en gracia y te pierdes (1)! Si no huyes hasta de la sombra del pecado, ¿podrás llamarte devoto de María inmaculada?

2.º María, concebida sin pecado original, conoció y amó á Dios con todo su corazon. Esta gracia la ponia en estado de conocerle y amarle cuanto era posible, porque dejaba su entendimiento libre de ignorancia, y su corazon esento de repugnancia ó resistencia, y aprovechándose de estos dones empleó toda su vida en corresponder fielmente á ellos, avivando mas y mas en su corazon la llama de la caridad que se difundió en él por el Espiritu Santo, que tan estrechamente se unió con ella (2). Es verdad que no he recibido fa-

(1) Math. XVI. 26. (2) Rom. V. 5.

vores tan grandes como María, ¡pero cuán ingrato é insensible me he mostrado con mi Dios! ¡Cuán poco me he ocupado en apreciar y agradecer sus misericordias!

3.° María, preservada de la culpa original, guardó con el mayor cuidado el tesoro de la divina gracia. Su amor tan puro á Dios y su fidelidad, la hicieron trabajar sin intermision para alcanzar mejores dones, porque ella sabia bien que una gracia se nos da siempre para merecer otras mayores. Si atiendo á mi vida pasada, solo mis lágrimas pueden desahogar un poco el grande aprieto de mi corazon, que tan apenas se ha cuidado del amor á su Dios y Redentor. Y solo la confianza en su bondad pueden dilatarme, para desde hoy correr en pos de su voluntad, buscando sobre todo el uno tan necesario (1). ¡Ah! ¡Cuán olvidado he vivido de esta verdad!

(1) Luc. X. 42.

AFECTO.

Yo me complazco, oh María, en vuestras glorias, y mi alma se regocija en el Señor, al veros adornada con un privilegio que os eleva sobre todos los hombres. Pero aun mas me complace vuestra fiel correspondencia á gracia tan sublime. ¡Oh Señora! Enseñadme á corresponder á las que el Señor me ha hecho, y me hace de contínuo, para que me conduzcan á la santidad, como á esclavo de vuestra Concepcion inmaculada.

Oracion para todos los dias, pág. 32.

JACULATORIA.

Regina sine labe concepta, ora pro nobis.

O María, Reina concebida sin pecado, ruega por nosotros.

OBSEQUIO.

—

Rezar nueve veces el Ave María, uniéndonos á los coros de los ángeles, y tres veces el Gloria Patri, dando gracias á la Trinidad Santísima por haber preservado á María del pecado original.

Salutaciones, pág. 34.— Salve, pág. 36.

PRACTICA.

—

El misterio mas bello de la vida de María es su Concepcion inmaculada, base de todos los dones con que la enriqueció el Altísimo. Por ello ha sido siempre el misterio que mas se han complacido en honrar todos sus amantes, habiéndose notado que no ha habido un solo Santo en muchos siglos, que no haya sido muy devoto de María inmaculada. El B. Alfonso Rodriguez se complacia tanto en honrar este misterio, que por espacio de cuarenta años rezó diariamente el pequeño oficio de la Concepcion. Alejandro de Ales, el V. Lapuente, el V. Berchmans, y otros muchos, se obligaron con voto á defenderlo. ¿Nos parecerá, pues, mucho repetir diariamente el obsequio puesto para hoy, ó practicar alguna otra devocion sencilla en honor de María inmaculada?

Ahora se pedirán, etc.

DIA 2.

Acto de Contricion, pág. 26.

Nacimiento de la Santísima Vírgen María.

1.º   Nació la aurora feliz, que anunciaba al Sol de justicia tan deseado de los justos. Nació María para ser la alegría del cielo, que en ella veía á su Reina, la esperanza de la tierra, porque le anunciaba su prócsima redencion, y el terror del infierno, que descubria en esta hermosa niña una Judith valerosa que debia humillar su orgullo, y ser su mortal enemiga. ¡Cuánto debo humillarme! Yo nací para el cielo, nací para mi Dios, y bien pronto perdí el derecho á mi felicidad, porque me aparté de la amistad y servicio del Señor! ¡Cuán distinta es la memoria de mi nacimiento del de María!

2.º Nació María de padres muy santos, dotada de los mas escelentes dones de gracia y de naturaleza. Un entendimiento ilustrado con las luces mas puras, una voluntad recta, enteramente conforme con la de Dios, nada de ignorancia, nada de concupiscencia, una carne tan pura y tan santa, que mereció ser la carne del hombre Dios; todo anunciaba en ella la obra predilecta del Altísimo. ¡Qué grandeza tan sublíme! Yo nací de padres pe-

cadores, hijo de ira y concebido en pecado, es verdad; pero la Iglesia me reen-
gendró en la fuente del Bautismo, de donde salí sin mancha alguna, hecho hijo
adoptivo de Dios. ¿No es esto para mí
bastante honor? ¿Lo estimaré en menos
que las grandezas de la tierra?

3.º Cuando nació María, se contaban
entre sus ascendientes muchos Reyes y
Patriarcas; pero toda esta grandeza no tenia atractivo alguno á sus ojos, fijos siempre en el tesoro de gracias con que Dios
habia enriquecido su corazon, hecho todo
para él, y que desde entonces le entregó
sin reserva. Alma mia, tambien tú has
sido hecha para Dios, y enriquecida con
gracias especiales. ¿Cuántas veces sin embargo te has olvidado de tu Dios, y has
buscado tu felicidad en la grandeza de la
tierra, y te has creido grande y feliz por
el brillo de tu familia y de tu nacimiento?
Aprende de María á amar solo la verdadera grandeza, que consiste en ser hijos de

Dios, y en no tener otro obgeto de amor mas que á Dios, porque inquieto estará tu corazon hasta que se fije y descanse en él (1).

AFECTO.

—

¡O María! vuestro nacimiento forma la alegría del cielo y de la tierra, porque él es la aurora de la gracia y el principio feliz del dia de nuestra redencion, que disipa las tinieblas del pecado. Del pecado que tantas veces ha tenido á mi alma cautiva en las sombras de la muerte. Disipadlas ya, Vírgen Santa, y haced que yo tambien participe de la alegría de vuestro nacimiento, alcanzándome de vuestro Hijo que nazca desde hoy para su amor con tal empeño, que ni la misma muerte sea capáz de apartarme de tan dulce ocupacion. *Oracion para todos los dias, pág.* **32.**

(1) S. Aug. Conf. lib. 1. cap. 1.

4

JACULATORIA.

—

Quibus te laudibus efferam nescio. Si formam Dei te appelem, dignam existimo, (S. Aug.)

¡Oh María! no sé con qué elogios os celebre. Porque si os llamo forma ó imágen de Dios, os encuentro digna de este título.

OBSEQUIO.

—

Rezar nueve veces la Salve en memoria de los nueve meses que estuvo la Santísima Vírgen en el seno de Santa Ana.

Salutaciones, pág. 34.—Salve, pág. 36.

PRÁCTICA.

—

María llena de gracia, y colmada de bendiciones por la Santísima Trinidad, se complace en que sus siervos deseen participar de sus dones y se los pidan. El V. P. Cárlos Jacinto, siendo aun niño, pidió tres gracias á María, y decia haberlas logrado : la 1.ª fue aprovecharse de sus estudios: la 2.ª entrar en religion; y la 3.ª no quiso descubrirla, y se cree haber sido la de no perder la gracia bautismal. Esta es la peticion que mas frecuentemente le hacen sus devotos verdaderos, y de aquí el leerse en las vidas de sus amantes, que no cometieron pecado mortal. Así lo leemos de S. Estanislao de Koska, de S. Luis Gonzaga, de S. Alfonso de Ligorio, y otros mil, que consagrados á ella desde su infancia, se lo pidieron. Por eso la Santísima Vírgen dijo á Santa Brígida : *haz que tus hijos lo sean mios, enseñándoles á que me amen desde su infancia.* ¡Cuánto mas felices seriamos si pidiésemos á María estas gracias, en vez de las temporales que sin cesar deseamos recibir de ella!

DIA 3.

—

Acto de contricion, pág. 26.

El dulcísimo Nombre de María.

1.º No sin acuerdo del cielo se impuso á la que habia de ser Madre de Dios, el nombre misterioso de María; porque él solo dice en su alabanza cuanto puede decirse, y así como es propio de un artífice poner nombres á sus obras, porque conoce sus propiedades, así solo Dios, que conocia á fondo las de María, pudo darle este nombre dulcísimo. María, significa Señora, pues lo habia de ser del cielo y de la tierra, y hasta el mismo Dios haciéndose hombre debia sujetarse á su obediencia (1). ¡Oh, qué sublimidad tan grande tiene este nombre ! ¡ Cuán poco le he reverenciado al pronunciarlo! ¡ Cuán poco me he aprovechado de la proteccion que se nos dispensa, invocándole con devocion y confianza.

2.º María, significa tambien estrella del mar. El mundo es un Occéano agitado siempre por encontrados vientos, que amenazan sumergirnos y hacernos perecer entre los escollos de las tentaciones; pero en las continuas borrascas de esta vida basta mirar á esta estrella, que siempre brilla sobre nuestras cabezas, para saber hallar el rumbo perdido; basta invocar á María para no perecer. Sin embargo, siendo esto tan constante en la esperiencia, he invocado en mis trabajos y apuros á mis amigos, ó á los poderosos del mundo, ó á mis talentos y mis propias fuerzas. ¡Oh

(1) Luc. II. 51.

cuánto mas feliz hubiera sido invocando á María!

3.º   Despues del Santísimo nombre de Jesus, no hay otro mas poderoso, ni mas dulce que el de María. Invocado con confianza, ahuyenta al enemigo é introduce la paz en el corazon. Por ello era el néctar que casi de contínuo endulzaba la boca de los santos. No puede, ¡oh María!, pronunciarse tu nombre, decia S. Bernardo, sin que se abrase el corazon; ni aun es posible pensar en él, sin que recree con dulces afectos á los que te aman (1). Tú lo pronuncias mil veces, alma mia, y sin embargo no sientes tan dulces efectos. ¿Sabes la causa? No es otra, que el hacerlo sin atencion, sin confianza, sin reverencia y sin amor.

AFECTO.

¡Oh María! La Trinidad Santísima os

(1)   Apud S. Bonav. in Spec. Virg.

ha dado un nombre que, despues del de vuestro Hijo, es sobre todo nombre, para que al oirle se postre toda criatura en el cielo, en la tierra y en el infierno. Grabadlo, Señora, en mi corazon, para que sea mi escudo contra los ataques del demonio, el lenitivo de mis dolores, el bálsamo de mis llagas, la esperanza de mi salud, y la espresion de los afectos de mi corazon. Viva yo para invocar á María, viva muerto al mundo, y muera amando á Jesus, y llamando sin cesar á Maaía.

Oracion para todos los dias, pág. 32.

JACULATORIA.

—

Oleum effussum nomen tuum (1).

Oh María, vuestro nombre es como bálsamo derramado, dignáos comunicar su suavidad á mi corazon.

(1) · Cant. cantic. I. 2.

OBSEQUIO.

—

Rezar cinco veces el Ave María en honor de las cinco letras del dulcísimo nombre de María.

Salutaciones, pág. 34.—Salve, pág. 36.

PRÁCTICA.

—

Despues del nombre de Jesus, no hay otro tan dulce y tan amable como el de María. El Beato Herman, que mereció que la Santísima Vírgen le llamase su esposo y le diese el nombre de José, pronunciaba el nombre de María con mucha frecuencia, sintiendo cada vez sus maravillosos efectos. Cuando estaba solo se postraba, tocando casi el rostro al pavimento de su celda, y en tan humilde postura repetia sin cesar, *María::: María:::* Sorprendido una vez en este egercicio por un amigo, le dijo contestando á sus preguntas: »¡Ah, yo

»recojo con un consuelo increible los de-
»liciosos frutos del Nombre de María! Lo
»pronuncio, y me parece que todas las
»flores, todos los perfumes mas esquisitos
»se reunen junto á mí, llenando el aire
»del mas suave olor, mientras que cierta
»virtud, que yo ignoro, llena mi corazon
»de alegría celestial. Así descanso de to-
»dos mis trabajos, olvido mis amarguras, y
»quisiera si posible fuese, no salir jamás de
»esta posicion, ni cesar de repetir el san-
»to nombre de María." (Surió, Año crist.)
Tambien el B. Enrique Suson repetia este
nombre con lágrimas de ternura, afirman-
do que, como un panal de miel, se le
derretia en lo interior del alma. ¡Oh María! ¿Cuál sereis Vos si vuestro nombre es
tan amable, y gracioso? ¡Qué motivos de
confusion para los que pronunciamos este
dulce nombre sin respeto, sin confianza y
sin amor!

DIA 4.

—

Acto de contricion, pág. 26.

Presentacion de María en el Templo.

1.° En la edad mas tierna dejó María la compañía de sus padres, y presentada por estos en el Templo, se consagró al servicio del Señor, deseosa de vivir solo para Dios. Ilustrada por la gracia conocia á Dios, conociéndole le amaba, y amándole, no podia menos de obedecer á su voz que la llamaba, y la decia: Oye hija: inclina tu oido á mi voz, y olvida á tu pueblo, y la casa de tu padre, y deseará el Rey tu hermosura (1). ¡Con qué

(1) Ps. XLIV. 10.

prontitud obedeció María á la voz del cielo! Alma mia, ¡cuántas veces te ha llamado Dios á su amor, y has desatendido su llamamiento! Si solo en Dios puede descansar nuestro corazón, ¿cómo he ansiado tanto entretenerme con las criaturas?

2.° María renunció todas las conveniencias temporales para vivir cerca del tabernáculo del Señor. Era una niña, y en una edad tan tierna no vaciló en desprenderse de sus padres, de sus parientes, y de todo cuanto el mundo podia ofrecerle, reputándolo todo como nada á trueque de poseer á Dios (1), y diciendo en su corazon como David: mas quiero vivir en la abyeccion y abatimiento en la casa del Señor, que habitar con la mayor fortuna en los tabernáculos de los pecadores (2). ¡Tales fueron los sentimientos de María en su consagracion! ¡Qué fe tan viva, qué sacrificio tan perfecto, qué amor tan ar-

(1) Philip. III. 8. (2) Ps. LXXXIV. 11.

diente! Imita, alma mia, á esta niña, consagrándote de veras á tu Dios, y renovándole la entrega que de tí le hiciste en el Bautismo.

2.º María al presentarse en el Templo no buscó sino medios para unirse mas perfectamente con Dios. El Señor la llamaba á la soledad para hablar á su corazon (1), é iniciarla en los secretos de su reino, preparándola para la egecucion de los decretos de su misericordia, y María se entregó enteramente á su voluntad. Acaso sin tantos sacrificios como María, podria yo corresponder á los designios de Dios sobre mi alma, si me aprovechase de las inspiraciones divinas ¡Ah! Si he de ser todo para Dios, ¿por qué voy negándole lo que me pide?

AFECTO.

¡Oh María! vuestra consagracion á

(2) Oseæ II. **14.**

Dios, presentándoos en el templo, me admira, y confunde mi tibieza. Tantos años hace que me presenté al Señor, y me hice suyo en el Bautismo, y aun no le he dado un dominio entero sobre mí! Vos, que al comenzar la carrera de vuestra vida, escogisteis la mejor parte, alcanzadme un entero desprendimiento de cuanto alhague los sentidos y el amor propio, para buscar dia y noche con perseverancia los medios de cumplir lo que Dios pide á mi corazon. *Oracion para todos los dias, pág.* 32.

JACULATORIA.

—

Tuus sum ego, salvum me fac (1)!
¡Oh María, tuyo soy, sálvame!

OBSEQUIO.

—

Renovar las promesas del Bautismo

(1) Ps. CXVIII. 94.

delante de una imágen de María Santísima, pidiéndole su bendicion y su asistencia para cumplirlas fielmente.

Salutaciones, pág. 34.—Salve, pág. 36.

PRACTICA.

—

Consagrarse á María es una de las prácticas mas útiles al cristiano, y que le aseguran mas la proteccion de esta Señora. S. Estévan Rey de Ungría, célebre por su devocion á la Santísima Vírgen, no contento con declararse siervo de María, la hizo Señora de todo su Reino, promoviendo mas y mas su devocion entre sus vasallos, que como él la saludaban de rodillas con el título de Gran Señora, nombre que daban tambien á la fiesta de su Asuncion. El P. Gerónimo de Trejo se habia consagrado á María, y se gloriaba de llamarse esclavo suyo, visitando en calidad de tal su Iglesia, cuyo pavimento besaba con lágrimas, entre otros egercicios de humildad, llamándola *casa de su Señora*. Finalmente, el B. Alfonso Rodriguez renovaba sus votos diariamente en la presencia de la Santísima Vírgen, diciendo algunas veces: »Jesus y María, haced »de mí lo que os agradáre, que yo os he »de servir por quien sois." Si imitamos á estos Santos, el demonio respetará nuestra alma como propiedad de Jesus y de María.

DIA 5.

--

Acto de contricion, pág. 26.

María Santísima consagra al Señor su virginidad.

1.º María consagrada á Dios esteriormente por medio de su presentacion en el

Templo, quiso consagrarse tambien interiormente, y de un modo mas perfecto, haciendo de su cuerpo y de su corazon el templo del Espíritu Santo. Asegurada en la oracion de ser esta la voluntad de Dios, no titubeó ya un instante en ofrecerle para siempre el tesoro de su virginidad, por medio de un voto absoluto y perpétuo. Alma mia, si te ocupares en la oracion, como María, ¡ cuán fácil te fuera conocer lo que Dios ecsige de tí para llegar á la perfeccion á que debes aspirar! Acude pues á ella, y resuélvete eficazmente á no poner obstáculo á la divina voluntad.

2.° María á los tres años ofrece á Dios la joya inapreciable de su virginidad. Detente, alma mia, á considerar la grandeza de este sacrificio. María era de la tribu de Judá, y sabia que de esta tribu debia nacer el Mesías: era de la familia de David, y esta familia, segun los Profetas, debia tener el honor de dar á luz al deseado de las gentes. La época de su naci-

miento se acercaba, segun todos los vati-
cinios; y cuando todas las mugeres judías
anhelaban por el matrimonio para tener
en su familia al Mesías, María renuncia á
esta esperanza; su humildad la hace creerse indigna de este honor, y abraza un estado, que en concepto de los hombres la
privaba de él. ¡Oh qué sacrificio tan sublime! ¡Oh qué humildad tan profunda!

3.º María es sin disputa la Reyna de
las Vírgenes, pues fue la primera que
hizo voto de ser perpétuamente Vírgen; y
he aquí otra circunstancia que da mas
realce al sacrificio de esta niña. Ninguna
muger de su pueblo le habia dado egemplo, y sin embargo no temió esponerse á
los dicterios que tanto habian afligido á la
madre de Samuel (1). Se sobrepuso á todos los respetos humanos, y se entregó
enteramente á Dios, porque ni sus deseos,
ni sus afectos tenian otro término que á

_____

(1) I. Reg. I. 6.

Dios mismo. ¡Oh corazon mio, por qué eres tan mezquino! ¿Por qué te dejas dominar de los respetos humanos que te alejan de tu Dios? El Señor te busca para hacer de tí su templo, y tú te resistes? ¡Oh qué ingratitud tan monstruosa!

AFECTO.

¡Oh María Vírgen de las Vírgenes! Yo me confundo al contemplar vuestra pureza, y al ver que muchas veces he perdido la inocencia. No merezco vuestras miradas porque soy impuro; pero sois madre y quereis volverme la estola perdida. Hacedlo así, Señora; vuestra proteccion me ayude á conservar la pureza; vuestro egemplo heróico me inspire amor á una virtud que hace á los hombres dignos de alternar con los ángeles. El enemigo me tentará; pero yo acudiré á Vos, y al abrigo de vuestro manto conservaré puro y casto mi corazon, para que sea templo vivo del Espíritu Santo, y habite en él toda la Santísima Trinidad.

Oracion para todos los dias, pág. 32.

JACULATORIA.

¡O Maria! monstra te esse matrem: vitam præsta puram.

¡Oh María! mostrad que sois mi madre; haced que mi vida sea pura y santa.

OBSEQUIO.

Rezar tres Ave Marías en memoria de las tres purezas de María Santísima, para alcanzar la virtud de la castidad.

Salutaciones, pág. 34.—Salve, pág. 36.

PRACTICA.

El voto de castidad hecho por María nos hace conocer cuánto ama esta virtud y cuánto se complace en que la guarden sus devotos, ayudándoles con ausilios sóbrenaturales para que no la pierdan. En el momento en que S. Ignacio de Loyola se convirtió al Señor detestando su vida pasada, concibió tal amor á la pureza, que hizo voto perpétuo de ella ante una imágen de María, y esta Señora le libró ya para siempre de tentaciones y estímulos sensuales. El angélico jóven S. Luis ofreció tambien á la Santísima Vírgen guardar virginidad, y jamás se acercó á su alma el demonio para escitarle con tentaciones impuras. No todos debemos hacer estos votos, pero todos debemos ser castos en nuestro estado; y para lograrlo ningun medio se nos presenta mas eficáz que la devocion é invocacion continua de María.

DIA 6.

Acto de contricion, pág. 26.

Vida de María Santísima en el Templo.

1.º María en el Templo fue un tesoro de virtudes desconocido al mundo, y aun á los mismos que vivian en su compañía. Su corazon era un huerto cerrado á los ojos de los hombres, donde el divino esposo hacia crecer todas las virtudes, como plantas olorosas que despedian olor de suavidad; que se elevaba en la presencia del Señor, como varita de humo de aromático incienso (1). Su conversacion era toda del cielo, y con su Dios. Su oracion era larga, humilde y amorosa; porque su atencion

(1) Eccl. XXIV. 20. Cant. Cantic. III. 6.

mas preferente era la de agradar á Dios, y descubrir su voluntad para cumplirla. ¿Vives así, alma mia? ¡Cuánta seria tu paz, si copiases bien este modelo! ¡Qué efectos tan contrarios te ha producido el trato y amor de las criaturas!

2.° María, ocupada toda en la oracion y contemplacion, no se olvidaba de que debia servir en los ministerios del Templo, y supo unir perfectamente á la vida contemplativa la activa y operante. Jamás estuvo ociosa. Fuera de las horas destinadas al culto y á la oracion, estaba siempre ocupada en labores humildes, sin apartar por ello su corazon de Dios. ¡Ay, cuánto he malogrado yo el tiempo! ¡Cuándo me persuadiré de que el trabajo y ocupacion honesta es la penitencia de los miserables hijos de Adan (1)! Convéncete de ello, alma mia, y no imites á aquellos que con pretesto de una vana oracion, buscan la

(1) Gen. III. 19.

ociosidad y huyen del trabajo. Estos están muy lejos de seguir el egemplo de María.

3.° Bien se ocupase en la oracion, bien en el trabajo material, María vivia solo para el espíritu, descuidada enteramente de su cuerpo. Su sueño era corto, su alimento templado, su silencio continuo, su humildad profunda, su obediencia pronta. Sencilla en su trato, natural sin afectacion, ocultaba en su corazon todo el tesoro de sus virtudes, porque caminando en espíritu, como hija verdadera de Dios (1), solo á Dios daba el dominio y el usufructo de su corazon, no cuidándose nunca de agradar al mundo. ¡No te confundes, alma mia, á la vista de estos egemplos y estas lecciones! Si sirves al mundo y buscas agradarle, nada debes esperar de Dios: si siembras para contento de la carne, no debes esperar frutos de vida eterna (2).

(1) Gal. V. 25. (2) Id. VI. 8.

AFECTO.

¡Oh María, modelo de oracion, de mortificacion y de todas las virtudes interiores que atraen las miradas del Señor! Yo me veo desnudo de todas ellas, y cuando me miro en el espejo de vuestro corazon, conozco la deformidad y pobreza de mi alma. Si alguna vez las he practicado, ha sido para agradar á los hombres, mas bien que á Dios, y por ello solo he cogido frutos de miseria y corrupcion. Ayudadme, Madre mia, á cubrir mi desnudéz; interceded por mí con Jesus, para que siguiendo vuestro egemplo, viva todo para él con una vida de espíritu, para que llene mejor el tiempo en adelante, y me niegue á los gustos desmedidos de mis sentidos, para gozar las delicias puras del espíritu.

Oracion para todos los dias, pág. 32.

JACULATORIA,

¡O Maria! Templum Domini, Sacrarium Spiritus Sancti, ora pro nobis.

!Oh María! Templo del Señor, Sagrario del Espíritu Santo, ruega por nosotros.

OBSEQUIO.

Rezar con devocion particular el Santísimo Rosario.

Salutaciones, pág. 34.—Salve, pág. 36.

PRACTICA.

La devocion al santo Rosario es una de las mas agradables á Dios y á la Santísima Vírgen, y de las que con mas asiduidad y provecho han practicado sus amantes, porque forma una corona de flores, que se ofrece á María como muestra de amor. Sabido es el celo con que predicó esta

devocion el Patriarca Santo Domingo de
Guzman, y los prodigios que obró con
ella. San Estanislao, siendo aun niño,
no sabia dejar el rosario de sus manos, ocupándose siempre en las alabanzas
de la Vírgen. Pero es necesario rezarlo
con devocion, como dijo la Santísima Vírgen á una sierva suya, advirtiéndole que
mas agradecia cinco décenas rezadas con
pausa y devocion, que quince de prisa y
con menos devocion. Tambien el B. Alfonso Rodriguez nos da egemplo en esta ma-
teria. Rezaba el Rosario entero todos los
dias de rodillas y muy despacio, al principio solo vocalmente, despues con la meditacion de los misterios, llegando así á un
sublime grado de oracion, en que recibió
grandes favores de la Santísima Vírgen.
Solia ver muchas veces en el aire una rosa
encarnada cada vez que rezaba el Padre
nuestro, y otra blanca y de igual belleza
y fragancia en cada Ave María. Otra vez,
acompañando á un Sacerdote de la Compa-

ñía de Jesus, fuera de la ciudad, iba algo apartado de este porque sus achaques le impedian alargar el paso, y se ocupaba en rezar el Rosario, descuidado del calor escesivo que le hacia sudar estraordinariamente. Andando así, se le apareció la Santísima Vírgen, agradeciendo su devocion, y limpió y enjugó su rostro con un lienzo finísimo que llevaba, dejándole en estremo consolado. ¡Oh qué bendiciones atrae á los fieles el santo Rosario!

DIA 7.

Acto de contricion, pág. 26.

Desposorios de María Santisima con San José.

1.º María habia hecho su voto en el

secreto de la oracion, y solo Dios que se lo habia inspirado, era testigo de este sacrificio de su corazon. Los hombres lo ignoraban; y llegada María á edad competente se dispuso su desposorio segun la costumbre que habia entre las jóvenes educadas en el templo de Jerusalén. Sus padres habian concedido su mano á un mancebo ilustre de su misma tribu que la habia pedido, y María debia obedecer. ¡Qué prueba tan terrible para la inocente Vírgen! Sin embargo, para salir vencedora no busca otro recurso que el de la oracion, donde pide al Señor le descubra su voluntad. Acude tambien tú, alma mia, á la oracion, para descubrir á la luz del santuario, el camino que debes seguir en tus empresas. En la oracion humilde hallarás paz en tus angustias, direccion en tus dudas, gracia y valor en las pruebas y tentaciones, y vencerás todos los obstáculos. Si descansas enteramente en la Providencia, ¿podrás dudar del buen écsito de todas tus empresas? ¡O cuán bueno es mirar nuestro estado y porvenir á la luz del Santuario, y no al impulso de nuestras pasiones!

2.º María, ilustrada en su oracion, se asegura de que Dios aprueba su desposorio, y se dispone á unirse con el hombre á quien el Señor le destina por compañero, sin vacilar un punto por el voto que habia hecho de castidad. ¡Oh que fe tan viva, qué confianza tan firme, que obediencia tan superior á la de Abrahan! Dios promete á este que en su hijo serán benditas todas las gentes, y cuando le manda sacrificárselo, no le detiene el temor de ver desvanecida su promesa (1). María se compromete á guardar castidad perpétua, porque Dios se lo inspira, y ahora ve que Dios quiere que se una, y se despose con un hombre, y obedece sin detencion, sin escudriñar ni oponerse á la

(1) Gen. VI. 10.

voluntad de Dios. ¡Oh cuántas veces resistimos nosotros á esta voluntad, y nos privamos de muchas gracias, porque queremos que se acomode á nuestros designios anteriores!

3.° María se desposa con José, varon justo señalado milagrosamente por el cielo entre todos los mancebos de su tribu en testimonio de su santidad. Así premió Dios su obediencia y su fe, dándole un esposo que asegurase mas y mas en ella el tesoro de sus singulares privilegios. ¡Oh qué union tan dichosa! Ella no tuvo otro fin que la mútua santificacion de estos esposos. ¿Es este, alma mia, el obgeto que te propones en las relaciones que te unen con tus prógimos? Ecsamínalo bien con la luz de la oracion, y huye de todo lo que no sirva á tu santificacion y adelantamiento en la virtud.

AFECTO.

—

O María, modelo perfecto de fe, de confianza y obediencia en vuestra union con el Santo Patriarca José, escogido por Dios para ser el custodio de vuestra pureza; enseñadme á imitaros en estas virtudes, para que mi corazon firme en la voluntad de Dios, nunca vacile en seguir los impulsos de su gracia, y lograr la santificacion de mi alma. Ayudadme con vuestro santo Esposo, para que dirija todos mis pasos á mi aprovechamiento y el de cuantos me rodean, para que nuestra union, basada en la caridad, se perpetúe eternamente en el cielo.

Oracion para todos los dias, pág. 32.

JACULATORIA.

—

O. María, Mater pulchræ dilectionis, fac ut in æternum te amem.

Oh María, Madre del amor hermoso, haz que te ame eternamente.

OBSEQUIO.

Rezar tres Padre nuestros y Ave-Marías para que por los méritos del desposorio de María nos conceda el Señor la perseverancia en nuestra vocacion.

Salutaciones, pág. 34.—Salve, pág. 36.

PRÁCTICA.

En vano es principiar una vida devota, y obsequiar á María, si no perseveramos en esta devocion; por eso decia el Venerable Berchmans. El obsequio mas grato á María Santísima es el mas constante, aunque sea el mas pequeño. Un egemplo de cuán peligroso es dejar sin causa la devocion comenzada con prudencia, se nos ofrece en la vida del V. Tomás de Kempis. Siendo jóven, acostumbraba rezar todos los dias una oracion en honor de la Vírgen; pero empezó á dejarla alguno que otro por pereza, y al fin la descuidó enteramente. María Santísima, que amaba á este virtuoso jóven, no quiso que aquella omision fuese causa de mayor relajacion. Apareciósele, pues, una noche en sueños, haciéndole ver que estaba entre otros niños compañeros suyos, á todos los cuales acariciaba y abrazaba con ternura. Estaba Tomás como fuera de sí de contento, esperando el abrazo de María; pero al llegar á él, le dijo esta Señora con aire de severidad: ¿Y tú tambien esperas esta prueba de amor? ¿No me has olvidado ya por ventura? Apártate, que mis caricias no son para tí. Desapareció la vision, dejando al jóven Tomás corregido saludablemente de su descuido, que no volvió á repetirse. ¡Cuántos estarán en el infierno porque dejando de obsequiar á María, dejaron de merecer y lograr su proteccion!

DIA 8.

—

Acto de contricion, pág. 26.

Pureza virginal de María Santísima.

1.º María, unida con José, en nada alteró su conducta anterior. A los ojos del mundo vivia como esposa del Santo Patriarca; pero á los ojos de Dios y en el fondo de su corazon su union era muy distinta. Era como la union de dos hermanos en su amor, y de dos ángeles en su pureza. El corazon de María hecho todo de Dios desde su concepcion, no dejó de pertenecerle un solo instante, porque amando á Dios, amaba á José, esposo suyo por voluntad divina, y el amor de José no la apartaba del de Dios. ¡Cuántos han naufragado en la virtud, ó por la mudanza de estado, ó por vivir en sociedad! Solo María fue azucena fragrantísima, porque las flores de su candor y pureza estuvieron bien arraigadas en el recogimiento y mortificacion. Así es, alma mia, como podrás conservar los dones de Dios.

2.° María sabia bien la santidad de José, y que como ella, tenia consagrada á Dios su virginidad. Ambos esposos, de conformidad renovaron su voto, y con él hicieron al Señor el suavísimo sacrificio de su pureza angelical. Desde entonces la pureza de María santificaba á José, y la de este formaba el escudo impenetrable con que Dios defendia la inocencia de la que habia de ser su Madre. He aquí, alma mia, los frutos del amor de estos esposos. ¿Quieres saber si amas con amor sincero á tus prógimos? Mírate en este espejo. ¿Haces servir tu union con ellos á la gloria de

Dios y á tu santificacion? ¿Les ayudas en la forma posible á perfeocionarse en la virtud? Si así no lo haces, tu amor no es santo; Dios no lo aprueba.

3.º María estaba persuadida de la santidad de José, y Dios le habia asegurado que no peligraria su pureza. Pero sin embargo no quiso descuidar ninguno de los medios que sin esta persuasion hubiera puesto para defenderla. Ella no solo fue templada en el cuidado de su cuerpo, sino tambien muy vigilante para conservarle siempre sujeto al espíritu. Mortificó constantemente todos sus sentidos, guardó en lo posible el mayor retiro, ocupóse en la oracion, y sirvió á Dios con amor, temor y reverencia. ¡Oh, cómo será posible que sea yo fiel á las promesas que tantas veces he hecho á mi Dios, si no me dedico con esfuerzo á la mortificacion, al retiro, á la oracion y á la vigilancia!

AFECTO.

—

¡Oh María! Vírgen prudentísima, que con tanto esmero conservasteis el don precioso de la pureza! compadecéos de mi debilidad, y alcanzadme del Señor un amor muy singular á esta virtud, para que huya de cuanto pueda empañarla aun levemente. Inspiradme amor á la oracion y al retiro, para que prefiera el trato de los ángeles al de los hombres. Vos santificásteis á José con vuestro trato y vuestro egemplo; santificadme á mí, y hacedme puro en mi alma y en mi cuerpo, para ser morada digna del esposo divino de las almas, que se una a la mia para siempre.

Oracion para todos los dias, pág. 32.

JACULATORIA.

—

O Maria, Sancta Virgo virginum, ora pro nobis.

Oh María, Santa Vírgen de las vírgenes, ruega por nosotros.

OBSEQUIO.

—

Rezar tres salves, pidiendo á María nos defienda de toda tentacion de impureza.

Salutaciones, pág. 34.—Salve, pág. 86.

PRÁCTICA.

—

Asi como la virtud de la pureza y castidad es la mas amada de María Santísima, así tambien es la mas aborrecida de su enemigo el demonio, que procura con mil medios desterrarla de nuestro corazon, ó cuando menos empañarla con su soplo pestilente. Por lo mismo debemos estar siempre preparados para resistir á sus ataques, y acudir á María para que nos defienda. El Apóstol Valenciano San Vicente Ferrer, devoto en estremo de la Santísima Vírgen, leyendo un libro sobre la virginidad de esta Señora, le suplicó con fervor defendiese su alma de tentaciones impuras. Haciendo esta súplica, oyó una voz que decia: *No todos podemos ser vírgenes.* Atónito el Santo, y no pudiendo creer que saliesen estas palabras de boca de la Madre de la pureza, instó con mas fervor en su oracion, mereciendo ser consolado por esta Señora, que le descubrió ser aquella voz engaño del demonio, que toda su vida le combatiria; pero que no podria vencerle si resistia con valor, y la invocaba con frecuencia. ¡Oh, á cuántos hace caer el demonio con una sugestion igual á esta! Por el contrario, ¡cuán pocos perecerian si acudiesen á María en sus tentaciones y peligros!

DIA 9.

—

Acto de contricion, pág. 26.

Anunciacion de la Santísima Vírgen Maria.

1.º Desde el principio del mundo los Patriarcas, los Profetas y todos los justos ansiaban la venida del libertador prometido por Dios, y se lo pedian con ardientes votos; pero sobre todos lo deseaba y pedia María, porque sobre todos amaba á Dios, y deseaba verle glorificado por la redencion del mundo. En el silencio de la noche levantaba su corazon á Dios, y pedia que las nubes lloviesen al justo, y la tierra brotase al Salvador (1). Pero á pesar de todo, nunca pensó que pudiera ser ella la Madre del Mesías. Su humildad profunda la hacia creerse indigna de tal grandeza, y tan indigna que con su voto de castidad renunciaba aun á la esperanza de que naciese de su descendencia. ¡Oh, qué egemplo de humildad! Alma mia, mientras no la imites no debes esperar la union con Dios. Mientras te creas digna de la mas mínima gracia, te verás privada de ella, porque Dios solo la da á los humildes (2).

2.° Cuando María abismada en su humildad pedia á Dios la regeneracion del mundo, el Señor, complacido de su virtud, y que por ella la habia escogido para Madre de su Unigénito, envia un Arcángel para anunciarle su voluntad. Gabriel se presenta y la dice con respeto: yo te saludo, Vírgen llena de gracia, el Señor es

(1) Isai. XLV. 8. (2) I. Pet. V. 5.

contigo, y tú eres bendita entre todas las mugeres y sobre todas ellas (1) ¡Oh qué salutacion tan lisongera! Ninguna criatura habia sido digna de oirla hasta entonces; estaba destinada para María, y lo estaba por su humildad. ¡Alma mia! Un Arcángel en nombre de Dios saluda á María: ¿podrás tú dejar de saludarla tambien con respeto y con amor?

3.° María oye las palabras del Arcángel, y se turba. Comprende la grandeza de estas palabras, y se cree indigna de ellas. Teme que sea una ilusion; teme que el que las dice sea un hombre, y se anonada, se encierra en el fondo de su corazon, y allí se prepara á combatir la soberbia. No temas, María, le dice el Arcángel, porque has hallado gracia en los ojos del Señor (2). Estas palabras la tranquilizan, pero no la envanecen; porque su humildad es invencible, y es la causa de qué.

(1) Luc. I. 28.   (2) Luc. I. 29.

Dios tenga en ella sus complacencias. Dios, dice ella misma, se ha complacido en mirar la humildad y la bajeza de su sierva (1). Aprende, alma mia, á temer toda alabanza, y á vencer la soberbia como Maria, considerando tu bajeza, y no atribuyendo nunca á tus méritos las gracias que Dios te hace. ¡O cuánto vale el propio conocimiento!

AFECTO.

¡Oh María, yo me uno al Arcángel, y os saludo llena de gracia y bendita entre todas las mugeres. Vuestra humildad, Señora, confunde nuestro orgullo, vuestra turbacion condena nuestra vanidad, y vuestro egemplo en atribuirlo todo á Dios, nos arguye por nuestro amor propio. Compadeceos de nuestra miseria, enseñadnos á ser humildes de corazon, y á despreciar toda alabanza de los hombres, mirándola

(1) Luc. I. 48.

como un lazo que nos tiende el enemigo. Ayudadnos á vencerle, para que nuestra humildad nos merezca las miradas del Señor, y seamos dignos del amor de vuestro Hijo Jesus.

Oracion para todos los dias, pág. 32.

JACULATORIA.

—

Ave gratia plena : Dominus tecum.
Dios te salve, llena de gracia, el Señor es contigo.

OBSEQUIO.

—

Tener un rato de oracion mental, considerando la grandeza de este misterio, y decir con devocion la salutacion angélica meditando sus palabras.

Salutaciones, pág. 34.— Salve, pág. 36.

PRÁCTICA.

—

Nunca podremos encontrar palabras

mas espresivas de la grandeza de María, ni mas gratas á su corazon que las proferidas por el Arcángel Gabriel en nombre del mismo Dios. En ellas se contienen todos sus privilegios y dones especiales que la hacen superior á todas las criaturas, y se recuerda el momento feliz de principiarse en su seno la grande obra de nuestra redencion: He aquí por qué esta salutacion no se aparta de los labios y del corazon de los hijos predilectos de María, que la retribuye con gracias singulares. Santa Catarina de Sena, desde la edad de cinco años amaba tanto á la Santísima Vírgen, que subiendo las escaleras de su casa se detenia en cada escalon para rezar una Ave María, mereciendo muchas veces que los ángeles la subiesen sin tocar en el suelo. La misma devocion practicaba S. Luis Gonzaga. San Estanislao no podia decir la salutacion angélica sin derramar lágrimas de ternura. San Bernardo, saludando una vez á la Santísima Vírgen con las palabras,

Dios te salve, María; oyó que le respondia, *Dios te salve, Bernardo*. Finalmente, una jóven Religiosa apareció despues de su muerte á una hermana suya, diciendo que volveria gustosa al mundo para padecer de nuevo cuanto habia sufrido, solo para pronunciar de nuevo una Ave María, y alcanzar la gloria que á este acto corresponde en el cielo. ¡O qué fuente tan inagotable de bendiciones celestiales es la salutacion angélica!

DIA 10.

Acto de Contricion, pág. 26.

Divina Maternidad de la Santísima Vírgen María.

1.º Concebirás y parirás un Hijo, á

quien llamarás Jesus, el cual será grande, y se apellidará Hijo del Altísimo, dijo el Arcángel á María (1). Hasta ahora habia temido esta Vírgen purísima por su humildad, ahora teme por su pureza. La habia consagrado á Dios, habia hecho voto de vivir y morir Vírgen, y se le anuncia que va á ser madre. ¡Oh qué ansiedad! Se le ofrece el sublíme título de Madre de Dios: ¿lo preferirá al título de Vírgen consagrada á Dios, y esposa de Dios? Cómo puede ser lo que me dices, responde al ángel, si yo no conozco varon, y estoy resuelta á morir Vírgen (2). ¡Cuán grande sois á mis ojos, oh María, en este instante por vuestro amor á la pureza, que os hace titubear, y os dispone á renunciar por ella la maternidad divina! ¿Qué sacrificios serán nunca bastantes para conservar nuestra pureza que tan agradables nos hace á los ojos de Dios?

(1) Luc. I. 31.   (2) Luc. I. 34.

2.º El Espíritu Santo vendrá sobre tí, y la virtud del Altísimo te hará sombra, para defender tu pureza; por eso el santo que nacerá de tí, se llamará Hijo de Dios (1): porque no un hombre, sino Dios mismo será su Padre. Estas palabras aseguran á María de que no perderá su virginidad y su pureza, que ella prefiere al título de Madre de Dios, y anonadándose en la presencia del Altísimo, esclama con humildad profunda: He aquí la esclava del Señor, hágase en mí segun tu palabra (2). Contempla, alma mia, la grandeza de estas palabras de María. Dios la hace su Madre, y ella se dice su esclava. Dios le pide su consentimiento, y ella le dice que obre segun su voluntad y su palabra. Todo quiere que sea de Dios, y nada suyo, sino el obedecer á su Señor. ¡O, y cuántos dones alcanzariamos de la bondad divina, si estuviésemos penetrados de nuestra nada!

(1) Luc. 35. (2) Id. 38.

- 3.º La palabra de Dios hizo que todas las cosas pasasen de la nada al sér. *Hágase, y todo fue hecho* (1). La palabra de María hace bajar del cielo á la tierra, y anonadarse en cierto modo al Criador de todas las cosas. *Hágase en mí segun tu palabra.* Y en el mismo instante el Espíritu Santo desciende sobre ella, se une á su alma con union divina, como esposo suyo; y María concibe en su seno purísimo al mismo Hijo de Dios, penetrada del amor mas ardiente al que por redimirnos y salvarnos se humillaba hasta vestir nuestra frágil naturaleza, desposándose con ella con el mas casto y perfecto desposorio. ¡Alma mia! tu Dios viene á buscarte, á redimirte. ¡Búscale en el seno de María! Esta es la verdadera zarza de Horeb, que arde sin consumirse (2). Humíllate antes de acercarte: descálzate de todo lo que es tierra. Si te falta el amor, acercáte luego,

(1) Ps. CXLVIII. 6. (2) Exod. III. 2.

y á la sombra de María Madre de Dios, arderás en caridad.

AFECTO.

—

¡Oh María, Virgen Madre de Dios, paraiso donde el nuevo Adan es formado para dar principio á la regeneracion del mundo, casa de Dios y puerta del cielo! yo os saludo por vuestra nueva y singular grandeza, yo adoro en vuestro seno al Unigénito del Padre, á quien el mundo entero no puede contener, y me complazco al veros sublimada á la dignidad altísima de Madre de Dios. Si os son gratos mis homenages, dignaos fijar en mí vuestros maternales ojos: acordaos, Señora, que no para Vos sola, sino tambien para nuestra felicidad eterna sois constituida Madre del Verbo. Vos sois el medio de comunicacion, y el lazo que une á Dios con el hombre; unidme pues á Jesus, y pedidle se digne comunicarse conmigo, y venir á morar en mi pobre corazon, puesto que á este fin se unió con Vos. La morada es pobre, Madre mia, pero Jesus que se anonada para vivir con nosotros, no la rehusará, si Vos os dignais adornarla con vuestra pureza y vuestra humildad. ¡Oh María! hacedme puro, hacedme humilde, y seré feliz, porque vendrá Jesus á mi corazon, y ya no nos separaremos en toda la eternidad.

Oracion para todos los dias, pág. 32.

JACULATORIA.

—

Sancta Dei Genitrix, ora pro nobis.
Ruega por nosotros, Santa Madre de Dios.

OBSEQUIO.

—

Adorar á Jesus en el seno purísimo de María, y pedir á esta Señora nos enseñe á amarle, diciéndole con frecuencia: *fac ut ardeat cor meum in amando Christum*

Deum: haz que arda mi corazon en el amor de Cristo Jesus, mi Dios.

Salutaciones, pág. 34.—Salve, pág. 36.

PRACTICA.

Así como nadie puede llegarse al Padre sino por medio del Hijo, segun leemos en el Evangelio (1), así nadie se acercará al Hijo con tanta facilidad como por medio de María. Unidos ambos por el misterio de la Encarnacion, no puede ser amado el uno sin el otro. Acudamos pues á María para que nos enseñe á amar á Jesus, y á Jesus para aprender á amar á María. Un santo amante de la Santísima Vírgen lo hacia así, diciendo: ¡Oh María, haced que despues de Vos sea yo el que mas ame á Jesus! ¡Oh Jesus, haced que despues de Vos, ame á María mas que todos! El Bea-

(1) Joann. XIV. 6.

to Alfonso Rodriguez repetia tambien con mucha frecuencia : Jesus, María, mis dulcísimos Señores, hacedme esta merced, que muera yo y padezca por vuestros amores. Y hablando con otro, decia : te encomiendo estos cuatro amores, para que los pidas á tu dulce Jesus, y á tu dulce María : el amor altísimo de Dios, el amor dulcísimo de Jesus, el de la dulcisima María su Madre, y el amor de los prógimos, que se lo tengas tan grande, segun Dios, que desees padecer con su gracia las penas del infierno, porque ninguno le ofenda y se condene. ¡Oh! si mirásemos este consejo como dirigido á cada uno de nosotros, ¡qué frutos tan saludables produciria en nuestras almas!

DIA 11.

Aeto de contricion , pág. 26.

La Visitacion de María Santísima á Santa Isabel.

1.º Maria, tan amante del retiro, no dudó sacrificar su inclinacion para ocuparse en una obra de Caridad. El Arcángel le habia dicho que su prima Santa Isabel habia concebido en su vejez, y esto le bastó para creerse obligada como mas jóven á servirla. Al momento deja su casa, y camina presurosa á la montaña, haciendo un viage de tres dias para egercitar su caridad (1). La prisa con que la Vírgen Santísima deja su retiro para servir á Santa Isabel, nos enseña la prontitud con que debemos dejarlo todo para hacer bien al prógimo. No te detenga, alma mia, la necesidad de dejar tus acostumbrados egercicios, ni los trabajos corporales. El que obra por caridad halla á Dios en todas partes, y en todos los oficios, porque Dios es la misma caridad (2).

2.º María al llegar á casa de Zacarías se adelanta á saludar á Isabel, creyendo en su humildad que debia ser la primera en hacerlo. En el momento mismo el niño Juan fue santificado, y dió saltos de gozo en el vientre de su madre, y ésta quedó llena del Espíritu Santo (3). Las palabras de María produjeron efectos tan maravillosos, porque eran hijas de su humildad sincera, de la rectitud de su corazon; y,

(1) Luc. I. 39.   (2) I. Joann. IV. 8.
(3) Luc. I. 40. 41.

como todas las suyas, se dirigian á glorificar á Dios, y santificar al prógimo. ¡Ah, cuán diferentes efectos producen mis palabras! ¡Cuántas de ellas en vez de santificar á mi prógimo le habrán escandalizado, porque nacian cuando menos de mi ligereza y poca humildad!

3.° Isabel, llena del Epíritu Santo, conoció la dignidad de María, y esclamó: ¿de dónde merezco yo que la Madre de mi Señor venga á mi casa (1)? Entonces María se humilló mas atribuyendo á Dios todo lo que era, con el sublíme cántico que la Iglesia repite todos los dias, y perseveró tres meses en casa de Isabel, sirviéndola con humildad, y contribuyendo al provecho espiritual de aquella familia. Alma mia, mírate en el espejo de la caridad y humildad de María, y acostúmbrate á referir á Dios cuanto en tí encuentres de bueno, no viendo en ello como María,

(1) Luc. I. 43.

sino un medio mas para hacer en todo la voluntad de Dios, y ayudar á la santifica-cion de tus prógimos.

AFECTO.

—

¡Oh María! Si vuestra humildad me confunde, vuestra caridad me admira, y ambas virtudes atraen mi corazon hácia Vos. Enseñadme á practicarlas sin cesar, y á hacer todas mis cosas por amor á Dios, y para glorificarle, y por amor tambien á mis prógimos. Grabad en mi corazon las palabras del sublime cántico de accion de gracias que dirigisteis al Señor, y ense-ñadme á comprenderlas y á repetirlas con amor todos los dias de mi vida, dando á Dios sinceras gracias por los beneficios que os hizo á Vos, y por los que me hace á mi; y ayudadme en fin á desasirme en-teramente de mi voluntad, para que diga siempre con verdad: Hágase, Señor, en mi vuestra Santísima voluntad.

Oracion para todos los dias, pág. 32.

JACULATORIA.

—

O Maria, spes nostra! ad te clamamus, salva nos.

¡Oh María, esperanza nuestra! á tí clamamos, sálvanos.

OBSEQUIO.

—

Visitar una Iglesia dedicada á la Vírgen Santísima, pidiéndole nos alcance del Señor el don de la perseverancia.

Salutaciones, pág. 34.—*Salve, pág.* 36.

PRÁCTICA.

—

Las personas del mundo procuran visitarse con frecuencia para disfrutar del placer que les causa mútuamente su vista y conversacion. Así tambien los amantes de María se complacen en visitarla con frecuencia en sus templos, formando su corte para obsequiarla y pedirle mercedes.

S. Alfonso de Ligorio, no contento con hacerlo, escribió un librito para fomentar en los fieles la devocion de visitarla diariamente. S. José de Calasanz reunia á los niños todos los Domingos para visitar á la Vírgen Santísima, á quien habia consagrado sus Colegios, haciéndoles cantar el Rosario y oficio parvo. S. Enrique Emperador, lo primero que hacia al entrar en una ciudad era visitar una Iglesia de María Santísima. Lo mismo observaba el P. Tomás Sanchez, de la Compañía de Jesus, cuantas veces salia de casa. El V. Berchmans, siendo niño, cuando volvia de la escuela á su casa y no le abrian pronto la puerta, se entraba en una Iglesia inmediata y se entretenia en rezar el Rosario. Finalmente, el B. Alfonso Rodriguez, cuando habia de salir del colegio, visitaba antes al Santísimo Sacramento, y pedia su bendicion á la Santísima Vírgen para no ofender á Dios en aquella salida, volviendo despues á darle gracias. ¡Cuántos pecados evitaríamos imitando á estos y otros siervos de María, en prácticas tan sencillas que los santificaron!

DIA 12.

Acto de contricion, pág. 26.

La duda de S. José.

1.º María permaneció en casa de Isabel ocupándose en su servicio, mientras creyó que la caridad, que dirigia todas sus acciones, lo ecsigia. Pasados tres meses volvió á su pobre habitacion de Nazareth, donde vivia con su esposo. El Santo Patriarca ignoraba el misterio que se habia obrado, ignoraba que las entrañas purísimas de María encerraban al Hijo de

Dios; pero no pudiendo dudar del embarazo de su esposa, que era manifiesto, se veía combatido de contrarios pensamientos. Aprende, alma mia, las sublimes lecciones que te dan en este suceso ambos esposos. José sufre por el embarazo de María, María es probada con las sospechas de José. Una sola palabra de aquella podia probar su inocencia; pero la deja en manos de Dios, y se resigna á ser despreciada y abandonada por José. ¡Qué humildad! ¡Qué abandono en los brazos del Señor!

2.º José, varon justo, no podia creer que María fuese criminal. El conocia su santidad, sabia que habia hecho voto de virginidad, y que se habia desposado con él, mediante el pacto de permanecer vírgenes, viviendo como hermanos. Sin embargo, la ve en cinta. La ley le autorizaba y aun le obligaba á acusarla (1); pero esto

(1) Núm. V. 12.

era difamarla; y su amor no se lo permite. Guardarla en su compañía, era aprobar el crimen, si lo habia; y esto repugnaba á su conciencia. El Santo Patriarca, pues, suspende su juicio, y dejando su causa en manos de Dios, se resuelve á separarse de María sin tachar su conducta. ¡Oh qué rectitud, alma mia! ¡Cómo nos enseña á huir de los juicios temerarios, dejando á solo Dios el juzgar las conciencias de nuestros prógimos!

3.º María esperaba en Dios, segura de no verse confundida, y su esperanza no fue vana. Dios mismo tomó á su cargo defenderla y justificarla, descubriendo á José por medio de un ángel el sublime misterio que en ella se habia obrado. No temas, le dice, recibir á María tu esposa, porque el fruto que en ella ha nacido es del Espíritu Santo (1). Así premió tambien el Señor la rectitud de José que se abs-

(1) Math. I. 20.

tuvo de juzgar á su esposa, persuadido de que no era capáz de admitir el crímen en su purísimo corazon. Dios cambió su ansiedad en puro gozo, por verse unido á la Madré del Verbo Eterno; y en adelante la amó con un cariño mas humilde, mas respetuoso y mas entrañable que hasta entonces. He aquí, alma mia, el premio de las humillaciones sufridas en el silencio. He aquí la recompensa de la rectitud del corazon. Si deseas el premio, ama tambien y practica los actos que lo merecen.

AFECTO.

—

¡Oh María! hermosa luna, nunca eclipsada en el brillo de vuestras virtudes, porque reflejaba sobre Vos sus rayos el Sol de la justicia: yo os admiro, modelo de humildad, de prudencia y de confianza firme, en la dura prueba á que os sujetó el Eterno. Enseñadme á conformar con los vuestros todos mis sentimientos, y á imitaros en esa esperanza, que nacida de la fe, jamás es confundida. Concedédmela, Señora, por los méritos del Santo Patriarca, vuestro esposo; y haced que yo, á imitacion suya, nunca me adelante á juzgar á mis prógimos, viviendo en su compañía con un corazon recto y sencillo, animado en todo por la caridad.

Oracion para todos los dias, pág. 32.

JACULATORIA.

—

¡O Maria! Virgo prudentissima, ora pro nobis.

¡Oh María! Vírgen prudentísima, ruega por nosotros.

OBSEQUIO.

—

Rezar tres Ave Marías pidiendo á la Santísima Vírgen nos asista é ilustre en

·todas nuestras dudas espirituales, especialmente en la eleccion de estado.

Salutaciones, pág. 34.—Salve, pág. 36.

PRÁCTICA.

—

Nadie mejor que María puede defendernos de las tentaciones y obscuridades con que el demonio turba nuestro espíritu, especialmente en la eleccion de estado. S. Francisco de Sales, estando en París dedicado á los estudios y á la oracion, fue puesto por el Señor en una terrible sequedad de espíritu, que le hacia mirar con tedio todos los actos de devocion. Aprovechóse de esto el demonio para sugerirle que todo cuanto hacia era perdido, porque estaba reprobado en los decretos divinos, y no tendria otro término que la condenacion eterna. Afligido el Santo jóven, no hallaba sosiego en parte alguna, llegando á perder el apetito, el sueño y la salud, sin saber decir mas que palabras

8

de desconfianza y temor. »¿Luego yo es-
»taré privado de la gracia de Dios y de
»sus consuelos en el cielo? Oh Vírgen
»Madre de Dios, ¿no os he de ver ya en
»el cielo? ¡Ah Señora! Si no he de ver
»vuestro hermoso rostro, no permitais á
»lo menos que os haya de blasfemar y
»maldecir en el infierno." Preocupado con
tan tristes ideas, entró una tarde en una
Iglesia, donde vió en una tablita la oracion de S. Agustin: *Acordaos, piadosísima
María, que jamás se ha oido decir, que
quien ha implorado vuestro socorro haya
sido desechado por Vos, etc.* Postrado entonces delante del altar de María, renovó
su voto de virginidad, prometió rezar todos los dias el rosario, y concluyó diciendo: »Reina mia, sed mi abogada para
»con vuestro Hijo, al cual no tengo valor
»de acudir. Madre mia, si yo infeliz en el
»otro mundo no he de poder amar á mi
»Señor, á quien conozco tan digno de ser
»amado, alcanzadme á lo menos que le

»ame en este mundo cuanto pueda. Esta es »la gracia que os pido, y de Vos espero." Apenas concluyó su oracion, le libró la dulcísima Madre de tan horrible tentacion, y recobró la paz y la salud. ¡Cuántas tentaciones venceríamos arrojándonos en los brazos de María!

DIA 13.

—

Acto de eontricion, pág. 26.

Viage de la Santísima Vírgen á Belen.

1.º María y José vivian en Nazareth, y veían acercarse la época feliz del nacimiento del Mesías: toda hacia creer que aquella ciudad tendria la dicha de ser su cuna; pero los profetas habian anunciado que naceria en Belén, y el Señor dispuso las cosas de modo que así fuese. El Emperador Romano, deseoso de saber el número de sus vasallos, manda que todos se empadronen en el lugar de donde traían orígen sus familias (1). María y José eran oriundos de la casa de David, y debian, segun este mandato del César, trasladarse á Belén, ciudad de aquel Rey en la tierra de Judá; y he aquí como se prepara el cumplimiento de las profecías por un medio al parecer tan estraño. Dios lo habia sin embargo dispuesto, porque inclina segun su voluntad el corazon de los Reyes (2). ¡Oh, cuán incomprensibles son los juicios del Señor (3)! Aprende, alma, mia, á mirar todos los sucesos, como dispuestos por la Providencia para nuestro bien, y para el cumplimiento de sus designios.

2.° María se hallaba en los últimos dias de su embarazo cuando se publica el edic-

(1) Luc. II. 3. (2) Prov. XXI. 1.
(3) Rom. XI. 33.

to del César , que le obliga á hacer un
viage largo y penoso en el rigor del invierno, con las privaciones de la pobreza,
y á dirigirse á un pais donde á nadie conoce , y donde verá nacer á su Hijo , con
peligro de no tener lo necesario para él, ni
para sí misma. ¡Oh qué motivo de afliccion para María, sabiendo que el Niño que
lleva en su seno es nada menos que el
Hijo de Dios! Sin embargo, no se queja de
la Providencia , ni murmura de aquellos
cuyas órdenes la obligan á dejar su casa,
ni pide á Dios alivio ni dilacion alguna,
sino que emprende el viage con su esposo,
sin detenerse en reflexionar sobre su estado. ¡Oh qué obediencia tan heróica!
¡qué sumision tan completa á la voluntad
de Dios! Aprende, alma mia, á obedecer
en silencio y á no quejarte, como lo haces,
de las disposiciones de la Providencia.

3.° María y José llegan á Belén, y se
ven rechazados por sus parientes, á causa
de su pobreza ; se dirigen á un meson ó

posada, y no hallan lugar en él, dice el Evangelio, por la multitud de los que iban á empadronarse (1). En tal estado se retiran á las afueras de la ciudad. Allí María, firme en la fe y en el amor á Dios, espera el momento de dar á luz á su Hijo en el desamparo de las criaturas, en la pobreza, y en la necesidad de albergarse en un establo, lugar que no se les disputa, por ser el mas desacomodado y despreciable. ¡Cuántas veces, alma mia, vienen Jesus y María á tu corazon para habitar en él, y los desechas con tu soberbia y tu disipacion, que te une á las criaturas! ¡Cuántas veces te priva Jesus de los consuelos temporales, y trata de desprenderte de las criaturas y ponerte en la soledad para nacer en tu corazon! No deseches en adelante estas disposiciones, y míralas siempre como el principio de grandes favores del cielo.

(1)   Luc. II. 7.

AFECTO.

—

¡Oh María! Vírgen obedientísima y sumisa á la voluntad divina, en la rigurosa órden de dejar vuestra casa en tan críticas circunstancias, yo me complazco acompañándoos en espíritu en vuestro viage á Belén, por las virtudes que me enseñais. Os veo obediente al emprenderlo, resignada en el cansancio y los trabajos del camino; humilde en los desprecios que se os hacen; y en todo fiel á los designios del Señor, que queria nacer en un establo. Comunicadme los sentimientos que entonces dominaban en vuestro corazon, para que, adornado con ellos el mio, merezca ser un albergue grato á vuestro Hijo, que lo escoja para su estáncia, y en él se digne obrar sus maravillas.

Oracion para todos los dias, pág. 32.

JACULATORIA.

—

¡O Maria! trahe me post te in odorem unguentorum tuorum.

¡Oh María! llevadme tras de Vos con el olor de vuestros perfumes.

OBSEQUIO.

—

Rezar cinco Ave Marías, pidiendo á María Santísima nos enseñe á aprovecharnos de las contradicciones y trabajos de la vida.

Salutaciones, pág. 34.—Salve, pág. 36.

PRACTICA.

—

Al egemplo puesto en el dia anterior, para probar la utilidad de acudir á María en nuestras dudas, debemos añadir otros relativos al negocio mas importante, del cual depende en cierto modo la salvacion del hombre; esto es, la eleccion de estado. Siempre han acostumbrado los amantes de María, pedirle su asistencia para acertar en esta eleccion. El V. P. Gerónimo Lopez, de la Compañía de Jesus, cuando era consultado sobre negocios de importancia, en especial sobre este de que tratamos. decia antes de responder : *Vamos al altar de la Vírgen para que nos guie en este negocio.* S. Francisco de Borja manifestaba dudar de la perseverancia de los novicios, que al abrazar el estado religioso no lo habian hecho bajo los auspicios de María Santísima. Por esto San Luis Gonzaga para decidirse á hacerlo, acudió antes á esta Señora, procurando obligarla con ayunos y mortificaciones, y con súplicas continuas, hasta que en el dia de su Asuncion gloriosa, despues de haber comulgado, obtuvo de la Santísima Vírgen la seguridad de su vocacion. ¡Cuanto menos espuestos á errar estaríamos imitando á estos Santos, que siguiendo las mácsimas del mundo !

DIA 14.

—

Acto de contricion, pág. 26.

Parto celestial de la Santísima Vírgen María.

1.º María Vírgen Purísima, conociendo por luz divina que era llegada la hora de su parto, sola con su esposo en la cueva de Belén, llena de gozo y alegría inefable, y transportada en contemplacion suavísima, sin el menor dolor ni menoscabo de su entereza virginal, dió á luz á Jesus, Dios de Dios, luz de luz, Dios verdadero de Dios verdadero. ¡Oh dichoso momento en que comienza nuestra fortuna! ¡Oh bondad de mi Dios, que sin dejar el trono eterno de su gloria, nace en el tiempo para con su humildad y pequeñéz corregir mi desmedido orgullo! ¡Jesus mio! ya que habeis nacido por mí, dadme gracia para que tome vuestros egemplos de humildad y caridad. Maria Vírgen, Madre dichosa de Jesus, alcanzadme ser desde hoy humilde de corazon.

2.° María siempre Vírgen, al ver junto á sí á Jesus su Hijo desnudo y tiritando de frio, pero vestido de limpieza, blancura y hermosura incomparable, con el amor mas tierno y con la reverencia mas profunda le toma y estrecha entre sus brazos, y lo envuelve en los pañales limpísimos que ya tenia prevenidos. ¡Oh María! ¿quién tuviese un corazon enteramente limpio y puro para ofrecérosle, á fin de que en él abrigáseis á Jesus! Ya que mi corazon no está en tan felices disposiciones, clamaré á María, para que me alcance de Jesus un nuevo corazon, que sea limpio en sus actos y recto en sus intenciones.

3.º María siempre Vírgen, despues de haber envuelto á su Hijo Jesus en los pañales, lo reclinó en el pesebre (1). Leccion maravillosa de desprendimiento. María se priva ya de regalarse con Jesus, fruto bendito de sus entrañas, para que todos francamente podamos llegarnos á adorarle en el pesebre, y oigamos en sus lágrimas y silencio las primeras lecciones que nos da de humildad. ¡Alma mia! ¿por qué te detienes? Corre y busca á Jesus en el pesebre, pues ha nacido para tí. Si te humillas con él, aun podrás oir el cantar de los ángeles que le saludan y glorifican, y que solo pueden percibir los humildes y limpios de corazon.

AFECTO.

¡Oh María! Vos nos habeis dado á Jesus, Vos habeis traido á la tierra al Re-

(1) Luc. II. 7.

dentor, y como nave cargada habeis con-
ducido á nuestro suelo el pan divino que
da la salud á nuestras almas (1). ¡O dulce
María! pues por Vos tenemos á Jesus, pedidle, como Madre suya, que nazca en
nuestros corazones, reine en nosotros, y
sea nuestra luz, nuestro alimento, y el
único obgeto de nuestro amor, para que
vivamos solo para Jesus y para Vos.

Oracion para todos los dias, pág. 32.

JACULATORIA.

—

¡O Maria! Mater Christi; salvum fac
servum tuum, sperantem in te.

¡Oh María! Madre de Cristo, salvad á
vuestro siervo que en Vos tiene puesta su
confianza.

(4)   Prov. XXXI. 14.

OBSEQUIO.

—

Felicitar á María por su dignidad augusta de Madre de Dios, rezando con devocion nueve Ave Marías en reverencia de los nueve meses que llevó en su seno al divino Jesus.

Salutaciones, pág. 34.—Salve, pág. 36.

PRÁCTICA.

—

La grandeza á que contemplamos sublimada hoy á la Santísima Vírgen, dando á luz al Hijo del Eterno Padre, es un motivo mas de consuelo para sus amantes, que acuden á ella con nuevo fervor, pidiéndole unos que les enseñe á amarle como ella le amaba, y presentándole otros el corazon de su Hijo Santísimo para merecer su proteccion. De lo primero nos da egemplo el B. Pedro Claver, que habia aprendido á amar á María al lado del Beato

Alfonso Rodriguez. Llevaba siempre consigo un pequeño libro que trataba de las grandezas de María, á quien llamaba comunmente *Madre del amor hermoso*, diciéndole con frecuencia: »¡Oh mi cariñosa »Madre! enseñadme, enseñadme, os rue- »go á amar á vuestro divino Hijo: alcan- »zadme una centella de aquel puro amor, »en que vuestro corazon está siempre »abrasado por él, y prestadme el vuestro »para que yo pueda recibirle dignamente »en el mio." De lo segundo nos ofrecen egemplos Santa Matilde y Santa Gertrudis, en cuya vida se lee que el Señor le enseñó á ofrecer á María Santísima el corazon de Jesus, para alcanzar gracias por este medio, logrando que los méritos de Jesus supliesen por las faltas que ella cometia en los obsequios á su Madre. ¡Oh cuán fácil nos será tener propicia á María, si le presentamos á Jesus por medianero!

DIA 15.

—

Acto de contricion, pág. **26.**

Generosidad de María en la Circuncision de Jesus.

1.º María Santísima sabia muy bien que siendo su Hijo verdadero Dios, y autor de la gracia é inocencia, no estaba sujeto á la ley de la Circuncision. Pero advertida con luz superior y divina, á los ocho dias del nacimiento de su Hijo, le ofrece á la Circuncision, pues esta nueva humillacion, y este fuerte padecimiento convenia al Salvador de los hombres. Alma mia, si hemos de ser del número afortunado de los discípulos de Jesus, hemos de arrostrar cualesquiera humillaciones y trabajos. ¡Ah, y cuánto se humillan y padecen los hijos del mundo por un sueño de placer, por un soplo de vanidad!

2.º María tiene en sus brazos á Jesus mientras el ministro le circuncida. La sangre preciosa de Jesus se derrama por la vez primera : sus lágrimas se mezclan con las de María traspasada de dolor, y esta sangre y estas lágrimas de Jesus forman las primicias del gran sacrificio á que se obligó en el momento de su Encarnacion, y principian ya la espiacion de nuestras culpas. Solo falta que yo, pecador inmundo, llore amargamente mis estravíos, que hicieron derramar su sangre á Jesus á los ocho dias de nacido. ¡Ah, soy demasiado sensible en padecimientos momentáneos, y no lo he de ser de veras, viendo tanto amor y dolor en mi Jesus?

3.º María herida en el corazon por la dolorosa Circuncision de su Hijo, queda consolada y trasportada de gozo al oir que

9

se impone al niño el Santísimo nombre de Jesus (1). ¿Cómo se ha de esplicar la devocion, suavidad y contento que sintió María, cuando por la primera vez llama á su Hijo, *Jesus?* Ella sola comprendia perfectamente en la tierra la grandeza de este nombre todo divino. Ella sola sabia hasta donde llegaba su poder y su dulzura, y ella sola en fin veia en él los efectos de salud y redencion, que debia producir entre los hombres. Mi boca impura no merece articular el Santísimo nombre de Jesus; pero como es mi dulce Salvador, le invocaré confiada y atentamente, y así me gozaré en el Señor, y me regocijaré en Dios qne es mi Jesus (2).

AFECTO.

—

Oh María, circuncidada en vuestro corazon, cuando Jesus lo era en su cuerpo,

(1) Luc. II. 21.   (2) Habac. III. 18.

y que unisteis vuestras lágrimas al sacrificio de su sangre, cuando le veiais padecer bajo el cuchillo de la ley, sacrificad con el suyo y el vuestro mi pobre corazon; circuncidadlo vos misma, arrancando de él todo afecto desordenado que no agrade á vuestro Hijo; selladlo como propiedad de Jesus y vuestra, con los nombres dulcisimos de ambos, y enseñadme á pronunciarlos con respeto y confianza, para que esperimente y halle en ellos fortaleza, consuelo, paz y vida eterna.

Oracion para todos los dias, pág. 32.

JACULATORIA.

—

¡O Maria! amplius lava me (1).

¡ Oh María! lavadme mas y mas de mis culpas con la sangre que Jesus derrama en su Circuncision.

(1) Ps. L. 3.

OBSEQUIO.

—

Rezar cinco Padre nuestros y Ave Marías en obsequio del dulcísimo nombre de Jesus, pidiendo á María nos enseñe á pronunciarlo dignamente.

Salutaciones, pág. 34.—Salve, pág. 36.

PRÁCTICA.

—

Acostumbran los hombres del mundo no negar nada de lo que se les pide en nombre de las personas á quienes aman, creyendo darles en ello una prueba de su amor. Del mismo modo, los que se precian de amar á María Santísima, de ningun modo pueden acreditarlo mejor, que no negando cosa alguna que se les pida en nombre de esta Señora, no siendo en ofensa del Señor. Así lo practicaban S. Gerardo, y el P. Martin Gutierrez, que aseguró despues no haber pedido gracia alguna á la

Santísima Vírgen, que no la alcanzase.
Entre los egemplos mas brillantes de esta
práctica, se nos presenta el del sabio Alejandro de Ales. Deseaba éste entrar en la
religion de Santo Domingo, para lo cual
se estaba preparando, cuando un dia le
requirió un lego de la órden de San Francisco en nombre de María, para que se
hiciese franciscano. Al oir este nombre,
que le era tan amable, como si toda su
vida hubiera deseado la entrada en aquella Religion, olvidó sus preparativos anteriores, y vistió el hábito de San Francisco. ¡Ah, cuántas bendiciones atraen á
las almas estos pequeños sacrificios hechos en honor de María!

DIA 16.

—

Acto de contricion , pág. 26.

María Santísima muestra á su Hijo Jesus á los Magos.

1.º María Santísima sabia que los Magos iban á adorar á Jesus, como primicias de la gentilidad. Estos príncipes poderosos venian de lejanas tierras guiados por una estrella, y preguntando por el reciennacido Rey de los Judíos (1). Se les dice donde debia nacer segun los profetas , y precedidos por el astro llegan á la ciudad de David. Maria tenia á Jesus en sus bra—

(1) Math. II. 2.

zos, cuando estos afortunados Reyes en-
traron á adorarle en la cueva de Belén.
Alma mia, si quieres hallar buena acogida en Jesus, acude á María, que es la estrella hermosa que te guiará sin tropiezo.
¡Oh María! en todos los negocios de importancia acudiré á Vos, é invocaré humildemente vuestro favor.

2.º María Santísima se llena de gozo
al ver á estos hombres tan sabios y poderosos postrados delante de Jesus, derra-
mando lágrimas tiernísimas de devocion
por ver tan bien cumplidos sus deseos. Si
mis esfuerzos y trabajos no son por Jesus,
¿de qué me sirven? Los Magos hicieron
tan larga jornada, y arrostraron tantos peligros por conocer y adorar á Jesus, ¡y yo
que soy su discípulo, yo que le conozco
por la fe, que le poseo por los Sacramen-
tos, y siempre puedo estar junto á él, soy
tan remiso para buscar su gracia y su
amor!

3.º María Santísima acepta y recibe

en nombre de su divino Hijo, el oro que le ofrecen los Magos, como á verdadero Rey de los cielos y la tierra; el incienso como á verdadero Dios y Sacerdote, y la mirra como á verdadero hombre. Ella les habla en nombre de su Hijo, que naciendo niño se ha sujetado á no hablar, les instruye en las verdades de la fe, les fortalece en la virtud, y les bendice en nombre de su Hijo, convirtiéndoles en nuevos hombres amantes solo de su Dios. Siendo tanto lo que he recibido de Jesus, y lo que le debo; ¿qué le he ofrecido hasta ahora que sea digno de su magestad? ¿Por qué no le he de dar desde hoy mi amor todo entero, mas frecuencia en la oracion y divinas alabanzas, y una mortificacion y negacion de mí mismo la mas continua?

AFECTO.

—

¡Oh María, Madre del Rey inmortal de los siglos, que le presentasteis á los Magos reclinado en vuestro seno, como en el trono de su misericordia! mostradlo tambien á mi alma como á ellos, y dignaos presentarle el oro de mi amor, el incienso de mis oraciones, y la mirra de mi mortificacion. Pero antes, Señora, purificadlo todo, para que sea ofrenda de olor suavísimo á vuestro Hijo. Vos en su nombre devolvisteis centuplicados estos dones á los Magos, con las gracias que enriquecieron sus corazones: haced tambien que mi alma en premio de mi ofrenda, reciba de Jesus multiplicados estos dones, para emplearlos todos en su amor y en su gloria, como los Reyes del Oriente, y ser como ellos un fino amante de Jesus.

Oracion para todos los dias, pág. 32.

JACULATORIA.

—

¡O Maria, sedes sapientiæ!, ora pro nobis.

¡O María, trono de la eterna sabiduría!, ruega por nosotros.

OBSEQUIO.

—

Rezar tres Padre nuestros y Ave Marías, diciendo en cada uno: Jesus y María, os doy el corazon y el alma mia.

Salutaciones, pág. 34.—Salve, pág. 36.

PRACTICA.

—

Entre los actos de devocion mas agradables á la Santísima Vírgen deben contarse las limosnas hechas en obsequio suyo. Alejandro Pereto, Cardenal de Montaldo, celebraba las fiestas de la Vírgen dotando á una doncella pobre. S. Gregorio habla de un santo zapatero llamado Adeodato, que en honor de María repartia el sábado entre los pobres todo cuanto ganaba en la semana, por lo cual á una alma santa se le mostró en vision

un palacio suntuoso que Dios preparaba en el cielo á este siervo de María, y
que no se fabricaba sino en dia de sábado. Es cierto que no todos pueden dar
limosna material; pero todos pueden dar-
la espiritual, rezando una Ave María para
que María Santísima la proporcione al pobre que la pide, ó rogándole por los pecadores, ó por las almas del purgatorio.
¡Oh cuánto agradan estas obras de piedad
á la Madre de misericordia!

DIA 17.

—

Acto de contricion, pág. 26.

Purificacion de María Santísima.

1.° La ley de Moisés mandaba que las
mugeres permaneciesen cuarenta dias des-

pues de su parto sin salir de su casa, y les prohibia entrar en el santuario y tocar alguna cosa santa, porque tenian una impureza legal durante este tiempo (1). María Santísima, que no habia concebido por obra de varon, ni habia dejado de ser Vírgen, estaba esénta de esta ley; pero sin embargo se humilla, y permanece cuarenta dias despues del parto en la cueva de Belén, comparándose con las mugeres comunes. ¡Cuán distinto del proceder de María es el nuestro! Ella oculta y tiene en silencio los mas raros privilegios con que la ha distinguido el Altísimo; nosotros buscamos siempre cómo descollar sobre los demas, y ostentar si algo bueno creemos tener. Ella obra como si fuese una muger comun, y no teme que se la tenga por impura: nosotros al contrario, ¿cuánto estudiamos para disimular nuestros defectos? La diferencia consiste, alma mia, en que en Ma-

(1) Levit. XII. 4.

ría reina la humildad, y en nosotros la soberbia.

2.° Disponia además la ley, que pasados los cuarenta dias se presentase la madre con su hijo en el templo de Jerusalén, para purificarse de su pecado por medio del sacrificio que debia ofrecer en su nombre el Sacerdote (1). María, obediente en todo á la ley, aunque no le comprendia, sale de la cueva, se dirige al templo, y llevando á su Hijo en brazos, se confunde con las mugeres pecadoras que iban á purificarse, y entra en el recinto sagrado llena de humildad, de modestia y de respeto. ¡Qué confusion para mí, que siendo pecador miserable, que vengo al templo á purificarme de mis culpas, y pedir á Dios perdon, entro en él sin modestia, sin respeto, tal vez con soberbia farisáica! ¡Qué confusion para mí que estoy tan distraido en la presencia de mi Dios!

(1) Levit. XII. 6.

3.° Mandaba finalmente la ley que en holocausto por el hijo ofreciese la madre un cordero, y por su pecado una tórtola ó palomino, y que si por su pobreza no pudiera comprar un cordero, ofreciese dos tórtolas ó palominos (1). María, amante de la pobreza como su Hijo, habia repartido á los pobres los tesoros que le habian presentado los Magos, y solo pudo ofrecer á Dios lo que la ley mandaba presentar á los pobres, porque se habia reducido á este estado. ¡Alma mia, y no te confundes por tu amor á las cosas terrenas! El Rey de los siglos, la Reina del cielo no tienen sino lo preciso para ofrecer á Dios un par de tórtolas; pero le ofrecen dos corazones purísimos, y mas ricos en virtud que todas las criaturas juntas. He aquí el mejor sacrificio que puede hacerse á Dios, el de un corazon contrito y humillado (2).

(1) Levit. XII. 8. (2) Ps. L. 18.

AFECTO.

—

¡Oh María! espejo sin mancha, Vírgen purísima, esclava del Señor obedientísima, que os sujetais á una ley humillante, y que no os comprende. Yo os suplico me hagais partícipe de vuestros sentimientos. ¡Cuántas veces he reusado yo obedecer la ley de vuestro Hijo! Yo propongo no hacerlo mas, porque vos me enseñais á no buscar escusas para evadirme, vos me enseñais, que aun cuando no me comprendiera por deber, debiera sujetarme á ella por amor y por humildad, y cumplirla con respeto. Rogad con interés por mí, para que conociendo cuán manchado estoy por mis pecados, acuda al templo, como Vos, con humildad y recogimiento, y me purifique de ellos, aceptando al efecto cuantos sacrificios me imponga vuestro Hijo y mi Señor Jesucristo.

Oracion para todos los dias, pág. 32.

JACULATORIA.

—

¡O Maria, speculum justitiæ, Mater purissima! ora pro nobis.

¡Oh María, espejo de justicia, Madre purísima! ruega por nosotros.

OBSEQUIO.

—

Rezar tres Ave Marías para que la Santísima Vírgen nos alcance una verdadera Contricion.

Salutaciones, pág. 34.—Salve, pág. 36.

PRÁCTICA.

—

Los devotos de María procuran prepararse para celebrar sus festividades, limpiando enteramente su corazon de las manchas que introducen en él sus faltas cotidianas, y haciendo algunos actos de mortificacion para lograrlo. S. Cárlos Borromeo ayunaba á pan y agua en las vigilias de sus festividades. S. Félix de Cantalicio, imitando á S. Francisco, ayunaba en honor de María, desde la octava de los apóstoles San Pedro y S. Pablo hasta el dia de la Asuncion. Santo Tomás Cantuariense, se mortificaba con un cilicio en obsequio de María, lo cual le mereció que esta Señora le ayudase á componerlo. Para estas mortificaciones podemos tener escusa muchas veces; pero de ningun modo para la que practicaron todos estos devotos de María, mortificando sus pasiones y privándose en su obsequio hasta de cosas lícitas. Asi se lee de la de V. Verdiana, religiosa de Vallumbrosa, que en las festividades de María Santísima se privaba del trato y comunicacion con las demas, no saliendo de su celda sino por cosas de caridad ú obediencia. ¡Cuán fácil nos seria honrar con tales egercicios á la Santísima Vírgen en sus fiestas!

DIA 18.

Acto de Contricion, pág. 26.

Dolor de María Santísima en la profecía de Simeon.

1.° María gobernada en todo por el Espíritu Santo, y dirigida por el mismo divino Infante, á quien llevaba en sus brazos, lo ofrece al Padre Eterno, como mandaba la ley se hiciese con los primogénitos (1). Entra en el templo llevando el par de tórtolas ó palominos, que debia servir para su purificacion y el rescate de su hijo, y vé salir á su encuentro al anciano Profeta,

(1) Exod. III. 2.

á quien el Señor habia prometido que no moriria sin ver al Mesías (1). ¡Qué sacrificio tan grande el de María! Presenta á su Hijo, no solo para cumplir la ley en lo esterior, sino para ponerlo en todo á disposicion de Dios, y dispuesta á no recobrarlo, si Dios así lo exige. ¿Sacrificas tú así, alma mia, tu amor á los ídolos de tu corazon? Si lo haces, no dudes qne al presentarte á María, ella pondrá en tus brazos y en tu corazon á su divino Jesus, para que su posesion y su amor te hagan feliz, como al anciano Simeon.

2.º María oye como Simeon bendice á Dios, y adora al divino Infante, y su alma se llena de júbilo y de admiracion. De júbilo por verle glorificado, de admiracion por la grandeza de los misterios que se le descubren. Pero á estos sentimientos suceden otros bien contrarios. Simeon le anuncia el destino de su Hijo, y le dice que

(1) Luc. II. 26.

ella misma sentirá su alma traspasada por la espada del dolor en la pasion de Jesus (1). Pero á pesar de ello, no rehusa el sacrificio, presenta su Hijo al Eterno Padre, y acepta en su nombre todos los tormentos que le esperan. ¡Oh qué generosidad tan grande, alma mia! ¡Y todo por tu bien, todo para que tú logres la salud eterna! ¡Podrás menos de amar con todas tus fuerzas á Jesus y á María!

3.º María rescata á su Hijo con la ofrenda que la ley señala, y lo recibe de nuevo despues de oir la triste profecía de su muerte. Desde entonces siente un dolor vivísimo que la aflige de continuo: la vista de Jesus, sus palabras, sus acciones, todo le recuerda siempre el fatal anuncio. Desde entonces se considera como encargada de custodiar la víctima para el dia del sacrificio; pero no se queja de este oficio, porque en él vé la voluntad del Padre, y

(1)   Luc. II. 35.

ésta es su única ley. ¿Imitas tú, alma mia, á esta Madre afligida? ¿Miras las cosas que te rodean y que tanto amas, como víctimas que Dios te pide, y que solo te permite custodiar para el dia en que exija su sacrificio? Si así lo hicieras, no sentirias tanto la pérdida de las que Dios te quita: en todo verias la voluntad de Dios, y le sacrificarias con gusto cuanto te pidiere.

AFECTO.
—

¡Oh María! traspasada del dolor mas vivo por la profecía de Simeon; yo admiro la grandeza de vuestro sacrificio, comparable solo con el de Jesus. Yo compadezco la grandeza de vuestro dolor; y lo compadezco mas, porque lo causan mis pecados, que prepararon la muerte á vuestro Hijo. Perdonádmelos Señora, y alcanzadme el perdon de vuestro Jesus, dándome una contricion verdadera para que los llore, y para que renuncie y le sacrifique todo lo que pueda apartarme de su amor, no aspirando sino á la posesion y estrecho abrazo de Jesus para vivir y morir así con toda paz.

Oracion para todos los dias, pág. 32.

JACULATORIA,

—

¡O Maria! ne permittas me separari á te.

¡Oh María! no permitas que me separe de tí.

OBSEQUIO.

—

Pedir á María purifique nuestro cuerpo, nuestro corazon y nuestra alma para ofrecerlo á Jesus, rezándole al efecto tres salves.

Salutaciones, pág. 34.—Salve, pág. 36.

PRACTICA.

—

Siempre los amantes de María han querido multiplicar en lo posible sus obsequios; y no contentos con celebrar sus fiestas principales, le han consagrado un dia cada semana, escogiendo el sábado para darle en él mayores pruebas de su amor. Así lo practicó Santa Isabel, reina de Portugal, que entre otras devociones ayunaba todos los sábados á pan y agua, con lo cual mereció que la visitase en su muerte la Santísima Vírgen. S. Luis, rey de Francia, todos los sábados lavaba y besaba los pies á un pobre, sirviéndole en honor de María. El V. Berchmans se ocupaba este dia en hacer los oficios mas humildes de la cocina. Acciones tan sencillas, hechas con espíritu de amor, merecen de María Santísima grandes recompensas, aun en esta vida, habiendo librado á muchos de una muerte eterna. ¡Cuán culpable es, pues, el que descuida ocuparse en estos act⟨o⟩s de devocion y en otros, como en oir misa, comulgar, dar una limosna para obsequiar á María Santísima en este dia consagrado á su honor!

DIA 19.

—

Acto de contricion, pág. 26.

María Santísima huye á Egipto con Jesus y S. José.

1.º La profecía de Simeon empieza á cumplirse. Herodes quiere acabar con Jesus, y manda degollar á todos los niños de los alrededores de Belén. Un ángel avisa á José, hecho custodio de María y de su Hijo, y le dá la órden de marchar á Egipto para salvar su vida (1). Apenas oye María esta órden del cielo, con el corazon traspasado de dolor, toma á su divino Jesus

(1) Math. II. 13.

en sus brazos, y en el silencio de la noche, deja su casa y pobrísimo ajuar, y emprende un viage tan largo y penoso, por conservar el único tesoro que poseía en la tierra. ¡Cuánta fé, cuánta obediencia en María! ¡Cuán rendida se muestra á las órdenes del cielo! ¡Qué interés se toma por la preciosa vida de su Hijo! ¿Eres tú, alma mia, tan solícita en conservar la vida de Jesus en tu alma; esto es, en mantenerte unida con él por la caridad? ¡Ah! cuando se trata de conservar los bienes temporales, no se escasean sacrificios; pero cuando se trata de la gracia del Señor, todo nos parece mucho para defenderla.

2.º   María Santísima, abrazada con Jesus, camina dia y noche por los despoblados, sin comodidad, sin regalo, sin posada, sin pabellon donde abrigarse, siempre ansiosa de llegar á lugar seguro donde poder descansar con el tesoro de su alma. Su único anhelo es librarle de la persecucion de sus enemigos, y salvar su vida. Si se me presentan trabajos y tribulaciones, no temerá mi corazon, mientras me conserve estrechamente unido á la voluntad de mi Jesus. Y aunque vaya por los desiertos de la sequedad y aridéz de espíritu, y pase las noches de la oscuridad del alma, no temeré si me estrecho mas y mas con la voluntad de mi Dios. Por todo pasaré para conservar el tesoro de la gracia, y lograr mi salvacion. Nuestra vida es un continuo viage, y andamos siempre rodeados de peligros y de enemigos. ¡Feliz yo, si atravieso este camino llevando á Jesus dentro de mí!

3.° María Santísima llega por fin á Egipto, y su corazon se dilata viendo á Jesus libre y fuera del alcance de los tiros de Herodes. Contenta con esto, no echa de menos su patria, ni su casa, ni las cortas comodidades que en ella tenia. Tiene á Jesus consigo dia y noche; le sirve y le cuida con mas amor y esmero de cada dia; trabaja con sus manos para ayudar á su sustento, y le glorifica con sus egemplos y sus palabras que son la edificacion de cuantos tienen la fortuna de tratarla. Alma mia, eres para el cielo : no suspires por ninguna habitacion de la tierra, ni por ninguna felicidad ó bienestar del mundo: mientras vivimos estamos como María, en un destierro. Vivamos pues como desterrados, y no queramos otro tesoro que el de Jesus, procurando en todas partes glorificarle con el buen olor de nuestra santidad.

AFECTO.

—

¡ Oh María! Vírgen fortísima, que arrostrasteis tantas fatigas y peligros para salvar la vida de vuestro Hijo Jesus, dignaos ser mi modelo en las persecuciones que el enemigo levanta contra el mismo Jesus, cuando por la gracia vive en mi corazon. Ayudadme á huir de sus lazos para vencer al demonio, á sufrir las tribulaciones, la pobreza y todos los trabajos, aborreciendo al mundo, y á negarme á todos los placeres para humillar á mi carne, y vivir en la tierra como en un valle de miseria, en un país de destierro, anhelando siempre por la union con Jesus y con Vos en el cielo.

Oracion para todos los dias, pág. 32.

JACULATORIA.

—

¡O Maria! Virgo potens, á periculis cunctis, libera nos semper.

¡Oh María! Vírgen poderosa, líbranos siempre de todos los peligros.

OBSEQUIO.

—

Rezar una Salve, y la antífona *sub tuum præsidium*, pidiendo á María nos aparte de los peligros y ocasiones de pecar.

Salutaciones, pág. 34.— Salve, pág. 36.

PRÁCTICA.

Ni el celebrar las festividades de María, ni honrarla en los sábados, es bastante para sus siervos y devotos. De aquí el saludarla repetidas veces entre el dia para tenerla siempre propicia. Tales son : 1.º Las tres Ave Marías que al levantarse y acostarse rezan sus devotos; añadiendo á cada una la oracion : *Por vuestra pura é inmaculada Concepcion, Vírgen María, haced puro mi cuerpo ; y santa el alma mia ;* pidiéndole despues su bendicion, como lo hacia siempre S. Estanislao. 2.º Las tres salutaciones ó Ave Marías á la mañana, mediodía y noche al toque de oraciones, honrando la Encarnacion del Hijo de Dios en el seno purísimo de María S. Cárlos Borromeo no se avergonzaba de bajar de su coche ó del caballo al oir la campana para rezarlas de rodillas en la calle. 3.º La salutacion que se le hace en todas las horas del dia, como lo hacia el B. Alfonso Rodriguez, mereciendo por el fervor con que lo hacia, que le dispertasen los ángeles de noche, al dar la hora. 4.° Al salir y entrar en casa, rezar una Ave María delante de su imágen, para que nos libre de pecado dentro y fuera, besándole los pies como hacen los padres Cartujos. Si amásemos en verdad á Maria, ¡cuánto gusto hallaríamos en todas estas prácticas tan sencillas y piadosas!

DIA 20.

—

Acto de contricion, pág. 26.

María Santísima pierde á Jesus en Jerusalen.

1.° María Santísima fue al templo de

Jerusalén con su divino Hijo, que tenia ya doce años, y con su santo esposo, para celebrar la Pascua (1). Aunque era Madre del Autor de las leyes, no se dispensó jamás de su observancia, porque anteponia á toda consideracion la obediencia á las órdenes del Altísimo. He aquí, alma mia, donde se conocen las almas fervorosas. Si buscas escusas é interpretaciones en el cumplimiento de tus deberes, das una prueba de que, ó no amas á Dios, ó le amas con un amor muy limitado é imperfecto, dando la mayor parte á las criaturas. Poco os ama, Señor, dice S. Agustin, el que ama otra cosa que á Vos, sin amarla por Vos (2).

2.º María creía que Jesus en el templo estaba con José, y el Santo Patriarca se persuadia que estaba con María; y poseidos ambos de esta idea, no advirtieron

(1) Luc. II. 41. (2) Conf. lib. 10. c. 29.

su falta, hasta que se alejaron del lugar santo. El Señor así lo dispuso para probar el amor de esta Madre, viéndose sin su Hijo. Llena entonces del dolor mas sensible, le busca por todas partes con diligencia, y viendo que no lo encuentra, se humilla muy sinceramente creyendo haberle perdido por su culpa. ¡Oh si lo hiciésemos así en las sequedades y desolaciones de espíritu, y en cualesquiera trabajos de esta vida! ¡Sin ser inocentes, sin cumplir el lleno de nuestros deberes, tan fácilmente nos quejamos, tan pronto echamos la culpa de nuestros males á otros, sin querer reconocer que somos pecadores! Dios de misericordia, compadeceos de nuestra flaqueza.

3.° María Santísima, acompañada del Santo Patriarca José, tuvo por fin la dicha de hallar á Jesus en el templo sentado en medio de los Doctores, satisfaciendo maravillosamente á sus preguntas, y escuchando lleno de saber y prudencia sus respues-

...tas (1). ¡Oh qué consuelo para María ver á su Hijo tan honrado! ¡qué gozo para esta Vírgen pura encontrar á Jesus único tesoro de su corazon! Alma mia: si buscas á Jesus, ¿dónde podrás hallarle mejor que en el templo y en la oracion? ¿Dónde encontrarás alivio á tus penas, sino en la presencia de Jesus? ¿Por qué, pues, en tus aflicciones buscas consuelo entre las criaturas, si vale mas un dia pasado en los atrios del Señor, que mil en otra parte? (2)

AFECTO.

—

¡Oh Maria, Madre diligentísima en buscar á vuestro Hijo! al contemplar vuestro dolor por su pérdida, me lleno de confusion y de vergüenza. Vos le perdisteis una vez y sin culpa vuestra, y no sosegasteis hasta encontrarle y uniros á él para no dejarle mas; yo le pierdo mil veces, y

(1) Luc. II. 46.   (1) Ps. LXXXIV. 11.

vivo tranquilo, y cuando de nuevo le hallo, porque sale á mi encuentro, apenas hago esfuerzo alguno para no perderle mas. Señora, me arrepiento de tal tibieza, y de tan poco amor. Aumentadlo en mi corazon para que buscando desde hoy á Jesus, le encuentre propicio, y de tal modo le estreche á mi corazon, que pueda decir con la Esposa de los Cantares: encontré al que ama mi alma, lo he hallado, y no le dejaré jamás (1).

Oracion para todos los dias, pág. 32.

JACULATORIA.

—

¡O Maria! in te confido, non erubescam (2).

En tí confio ¡oh María! no seré confundido.

---

(1) Cant. Cantic. III. 4.
(2) Ps. XXIV. 2.

OBSEQUIO.

—

Rezar tres Ave Marías en memoria de los tres dias que la Santísima Vírgen estuvo buscando á su divino Hijo, pidiéndole la gracia de no perderle jamás por el pecado.

Salutaciones, pág. 34.—Salve, pág. 36.

PRACTICA.

—

Otra de las prácticas con que los hijos de María la obsequian y procuran atraerse sus miradas y bendiciones, es el rezo del oficio parvo, ó cuando menos de cinco Salmos en honor del dulcísimo nombre de esta Señora, que principian con sus cinco letras. Rezaba todos los dias estos Salmos el V. Jordan de Sajonia, y lo mismo el V. Joscion, despues de cuya muerte, se vieron salir cinco rosas de sus oidos, ojos, y boca, y leyéndose en la que salió de esta

el nombre dulcísimo de Maria, grabado en
sus hojas. El oficio parvo apenas ha habido Santo que no tuviera la costumbre de
rezarlo con suma devocion, mereciendo
por ello gracias y favores singulares de
manos de María. Entre los que mas se dis-
tinguieron en esta devocion encontramos
á S. Pedro Damiano, promovedor de ella,
y á S. Francisco de Sales, que puso por
regla á las Religiosas de la Visitacion el
rezo del oficio parvo, en vez del comun
que se reza en todas las Religiones. No
menos célebre es por su devocion. S. Buenaventura, que no contento con el oficio
parvo, compuso un Psalterio dedicado á la
Santísima Vírgen, en que da pruebas evi-
dentes del amor que tenia á esta Señora.
¡Cuán cierto es, que el amor verdadero
nunca queda reducido á los deseos y afectos, sino que se muestra esteriormente
en las obras!

DIA 21.

Acto de contricion, pág. 26.

Encuentro de María Santísima con Jesus en la calle de Amargura.

1.º María Santísima, que no dejó un punto la compañía de su divino Hijo durante su vida y predicacion, y que tan bien supo guardar en el archivo de su corazon sus celestiales palabras y egemplos, cuando ya supo habia comenzado la carrera amarga de su pasion, no pudo menos de seguirle en lo posible, hasta encontrarle en la calle de Amargura, caminando al Calvario. ¿Dónde vas, alma mia, si no sigues las huellas ensangrentadas de Jesus?

¿Qué camino puedes tomar mas seguro para no volver á estraviarte, que seguir los pasos dolorosos de María hasta encontrar á su Hijo que es tu Salvador?

2.º María Santísima por entre los soldados y la multitud tumultuosa, descubre á Jesus cargado con la cruz, fatigado sobremanera con su peso, todo lleno de sangre y de salivas, casi exánime, recibiendo de continuo golpes, injurias y malos tratamientos de un pueblo ingrato. ¡Qué vergüenza para mí gloriarme de ser cristiano y no querer llevar bien la cruz que mi Salvador me ofrece tan ligera! Si en mis pequeños trabajos buscase yo á Jesus, y fijase atento mis ojos en la cruz tan pesada que por mí lleva, ¿cómo era posible me mostrase tan impaciente y mal sufrido? ¿Cómo era posible dejase de atravesar por todos los respetos humanos, para ponerme á su lado como María, en la carrera de sus tormentos? Sigue á Jesus, alma mia, que por tí lleva su cruz.

3.º   Jesus en medio de su fatiga levanta sus ojos para mirar y compadecer el interés de su afligida Madre. Esta le mira, y se deshace en lágrimas. Esta le mira, y su corazon se trastorna dentro de sí misma, como dice el Profeta, porque está llena y colmada de amargura (1). ¡Oh qué encuentro tan sensible y doloroso! Jesus padece por el dolor de su Madre, María se aflige por los tormentos de su Hijo, y ambos padecen lo que mis culpas merecen. ¿Solo yo muero de dolor? ¡Oh Jesus, oh María, dignaos ambos mirarme tambien á mí, para que vuestra mirada me haga correr tras de vosotros. Sí, ya quiero en lo posible ayudaros á llevar la cruz abrazándome gustoso con la mia. Mis ojos en adelante no se han de entretener en la vanidad; miraré con amor y compasion á mi Jesus, y le seguiré como María hasta el monte de la mirra.

(1)   Jerem. Tren. I. 20.

AFECTO.

—

¡Oh María, Madre afligida y penetrada de dolor en el encuentro de vuestro Hijo, admitid mis pobres homenages. Yo que soy la causa de vuestra aflicciou y de los tormentos de Jesus, soy el que debo padecer, y cuando menos acompañaros en vuestras penas. Enseñadme el camino de la cruz, llamadme á vuestro lado, y con Vos seguiré á mi Redentor, y no me apartaré de sus huellas ensangrentadas. Junto á Vos, Madre mia, y junto á Jesus, concebiré un odio implacable al pecado, y huyendo de él, caminaré con esfuerzo por el camino de la penitencia, hasta crucificarme y morir con Jesus.

Oracion para todos los dias, pág. 32.

JACULATORIA.

—

Eja Mater, fons amoris, me sentire vim doloris fac, ut tecum lugeam.

Oh Madre, fuente del amor, haz que yo sienta la fuerza de tu dolor para llorar contigo.

OBSEQUIO.

Meditar durante un cuarto de hora por lo menos, el dolor de María en el encuentro de Jesus.

Salutaciones, pág. 34.—Salve, pág. 36.

PRÁCTICA.

—

Así como es una prueba de amor acompañar á María en sus gozos, así tambien lo es aun mayor estar á su lado, compadecerla y consolarla en sus penas, haciéndose partícipe de ellas. He aquí la causa de la devocion que á sus dolores tienen todos sus amantes. La misma Santísima Vírgen lo dijo á Santa Brígida: »Al »menos tu, hija mia, no apartes de tu

»consideracion mis dolores, y acompáña-»me con tu tristeza y afliccion." Estas palabras de María fueron tan persuasivas, que aquella Santa, y con ella todos los que aman á la Vírgen Santísima, procuran ocuparse en la meditacion de sus dolores. El B. Nicolás Factor, deseoso de padecer con Jesus y con María, pidió á esta Señora algun trabajo para corresponder á los tormentos que por él padeció su divino Hijo, y lo consiguió. Recordar los dolores de María, detestar las culpas que fueron causa de ellos, y protestarle un eterno amor: he aquí una prueba sincera de devocion á esta Señora.

DIA 22.

Acto de contricion, pág. 26.

Dolor de María Santísima en la muerte de Jesus.

1.º María Santísima, á impulsos del amor mas fuerte, se presentó en el monte Calvario para acompañar y compadecer las últimas penas de su Hijo Al oir los golpes del martillo, cuando enclavaban á Jesus en la cruz, queda traspasada de dolor, y muriera tambien en tanta pena, á no confortarla el Espíritu Santo. El amor verdadero se cria y se aprende en el Calvario. ¡Conozco mis pecados, y está mi corazon mas duro que aquellos clavos! Si no tengo espíritu para desear padecer mucho por Jesus, ¿no he de tener compasion al verle crucificado por mi amor? ¿Qué mejor muestra puedo darle de mi reconocimiento, que no ofenderle ya con advertencia, y crucificar con la penitencia todos mis afectos desordenados?

2.° María Santísima ve á Jesus pendiente de la cruz: se reanima, se pone en pie junto á ella, y muy atenta escucha sus palabras postreras. Le oye perdonar á sus enemigos, y al buen Ladron: admite el encargo de Madre de Juan, y de todos los mortales: le ve desamparado y sediento; y que su obediencia ha consumado nuestra Redencion; le oye encomendar su espiritu en manos del Padre celestial; le ve inclinar la cabeza, y que espira en el colmo del dolor y del abatimiento. María queda anegada en un mar de amargura: quisiera, si fuése posible, morir juntamente con su Hijo. ¡Ah! cuán caros cuestan á María los pecados de los descendientes de Adan. Madre mia, si yo soy uno

de estos miserables, ¿cómo os consolaré?
Si yo he crucificado á Jesus, ¿cómo me
atreveré á presentarme á Vos? Oh Señora, solo me anima el ver, que el mismo
Jesus os ha hecho Madre mia. Permitidme
que os llame con este dulce nombre, y os
diga con Jesus: Madre mia, ved aquí
vuestro Hijo, salvadme (1).

3.º María Santísima, estática en la
contemplacion mas amarga, ve á un sol-
dado que abre el costado de su difunto
Hijo (2). ¡Qué dolor fue tan estraordinario!
Las entrañas de la Madre quedaron tambien traspasadas á vista de tanta crueldad
y fiereza. La pena de María no se puede
espresar. Corre, alma mia: aprovecha este
precioso momento. Convéncete de una vez
del amor que Jesus te tiene. Mira su costado abierto, y franca la entrada á su divino Corazon, y á la fuente del amor: aun
mana la sangre y agua de su costado he-

(1) Joan. XIX. 26. (2) Joann. XIX. 34.

rido. María te ayudará, porque es tu Madre; y ya que ha perdido á Jesus, quiere salvarte á tí. Entra en esa piscina, lávate con este bálsamo de vida y desaparecerán las feas manchas de tus flaquezas, y quedarás mas blanca que la misma nieve.

AFECTO.

—

¡Oh María, Reina de los Mártires! yo os contemplo al pie de la Cruz, abismada en un mar de amargura. Las olas de la tribulacion han penetrado hasta vuestra alma (1), y la espada que anunció Simeon se ha clavado en vuestro corazon. Jesus ha muerto, y os ha dicho que sois mi Madre. Yo no merezco este honor, porque soy el verdugo de vuestro Hijo y de Vos misma; pero no soy yo quien lo dice : es vuestro Jesus, y por esto me atrevo á daros este nombre. ¡Oh Señora! egerced conmigo los

(1) Ps. LXVIII. 1.

oficios de Madre, y enseñadme á practicar con Vos los deberes de un hijo amante, de un hijo fiel y cariñoso que todo lo sacrifica por su Madre. Hacedme justo, Madre mia, hacedme Santo.

Oracion para todos los dias, pág. 32.

JACULATORIA.

—

¡O Maria! Ecce filius tuus.

¡Oh María! Mirad que soy vuestro hijo.

OBSEQUIO.

—

Rezar tres salves en memoria de las tres horas que María Santísima estuvo al pie de la Cruz, presenciando la agonía de su Hijo, meditando al tiempo mismo en sus dolores.

Salutaciones, pág. 34.—Salve, pág. 36.

PRÁCTICA.

—

Hoy reconocemos en María el título consolador de Madre de los pecadores, que recibió al pie de la Cruz de su Hijo. ¿Qué cosa mejor harán pues sus devotos que elegirla por su Madre, y portarse con ella como hijos? Santa Teresa siendo aun niña, cuando vió morir á su madre natural, corrió á los pies de María, y consagrándose á ella, le pidió se dignase ser su Madre, y lo consiguió. S. Luis Gonzaga le daba tambien este nombre, y no podia hablar de ella sin una emocion estraordinaria. San Estanislao, á quien esta Señora habia aparecido con su Hijo, la amaba tan tiernamente, que no se cansaba de publicar sus glorias. Preguntándole en cierta ocasion un padre, compañero suyo, yendo juntos á visitar una imágen de María, si la amaba: *Padre*, respondió, *qué mas puedo deciros, es mi Madre*. Y dijo estas palabras con tal

ternura que parecia mas bien un ángel,
que un hombre que hablaba del amor de
María. ¡Oh qué felicidad la nuestra de tener á esta Señora por Madre! ¡Cuántas
bendiciones recibiríamos, si la respetáse-
mos y amásemos como tal, renovando de
tiempo en tiempo nuestra consagracion y
entrega en sus manos!

DIA 23.

Acto de contricion, pág. 26.

**María Santísima con Jesus difunto en sus
brazos.**

1.º   María Santísima sin perder un punto de vista el difunto cuerpo de Jesus, vé
acercarse á la Cruz á Josef y Nicodemus,

varones tan nobles como piadosos, que con el mayor cuidado y decoro desclavan el sagrado cuerpo, para ponerlo en brazos de su Madre. Así comenzaba el Padre celestial á honrar á su Hijo despues de las ignominias de la Pasion, si bien este consuelo preparaba nuevo dolor á la afligida Madre. Alma mia ¡Cuán bueno es esperar en el Señor! ¡Cuán bueno fiar nuestra causa á su cuidado! En los golpes mas duros, en los reveses mas fuertes ¿por qué hemos de mirar tanto á nuestros males, cuando apoyándonos en Dios, y dejando en sus manos nuestra causa, es como podremos salir salvos y con victoria?

2.° María Santísima recibe en su regazo el divino cuerpo de Jesus. Si no fuese Madre, ¿cómo pudiera conocerle? Todo cubierto de llagas, sus huesos todos descoyuntados, herido como un leproso (1)::: Vayamos, alma mia, á los pies de

_____

(1) Isai. LIII. 4.

María, y miremos este modelo de caridad, de humildad y de paciencia. En verdad, Jesus mio, habeis cargado con todas nuestras enfermedades, habeis sufrido todos los dolores que merecian mis pecados (1). ¡Oh! ¡si yo muriese de dolor al ver á mi Criador y Redentor todo desfigurado y afeado! ¡Cómo tendré alegría al verme acusado de mis propios delitos, que me dicen: tú eres la causa de este sacrificio tan sangriento!

3.º María Santísima, hecha un mar de lágrimas, limpia con el mayor aseo y reverencia el sagrado cuerpo de Jesus. Esta amorosa Madre es quien le cierra los ojos y la boca, le mira sin distraerse, le adora y le besa como ahogada de dolor. Juan, Magdalena, los varones piadosos que le han de dar sepultura, las mugeres que acompañaban á María, todos lloran con ella. Los ángeles que asisten, si fuesen

_____

(1) Isai. LIII. 5.

capaces de lágrimas, las verterian muy abundantes, al ver la pena de su Reina y Señora. ¿Solo mi corazon no se conmueve? ¿no lloro al ver el cuerpo difunto de mi Redentor Jesus? Madre mia, alcanzadme un grande afecto de compasion, y lágrimas abundantes para que toda mi vida llore haber sido con mis pecados causa de la muerte de Jesus.

AFECTO.

¡Oh María! Jesus ha pasado de los brazos de la Cruz á los vuestros. ¡Oh qué ideas tan consoladoras me inspira este cámbio! El ha muerto como víctima para salvarnos; su sangre es el precio de nuestra salud; sus llagas la prenda de nuestra reconciliacion. Esa prenda, ese precio y esta víctima está en vuestros brazos; Vos sois la depositaria de ella, para presentarla al Padre Eterno, y al mismo tiempo sois mi Madre. ¿Si yo me llego á Vos cubierto de las llagas de mis culpas, dejareis de poner en ellas el bálsamo derramado para curarlas? ¿Si me veis esclavo de mis pasiones, dejareis de ofrecer al Padre Eterno el precio de mi rescate puesto en vuestros brazos? No es posible, Madre mia; y esto me anima á venir á Vos. Ved mis llagas, curadlas; ved mis cadenas, rompedlas; ved mi alma, salvadla, pues en vuestras manos está su salud y la prenda de su salvacion (1).

Oracion para todos los dias, pág. 32.

JACULATORIA.

—

¡O Maria! fac me tecum plangere, et Christi plagas recolere.

¡Oh María! haced que con Vos llore y adore las llagas de Jesus.

(1) Gen. XLVII. 25.

OBSEQUIO.

—

Rezar cinco Padre nuestros y Ave-Marías en reverencia de las cinco llagas de nuestro Señor Jesucristo, pidiendo á María Santísima nos alcance por ellas el perdon de nuestras culpas.

Salutaciones, pág. 34.—Salve, pág. 36.

PRÁCTICA.

—

No puede llamarse verdaderamente Hijo de María, el que no cumple con ella todos los oficios de tal, y principalmente el que no le profesa un amor entrañable, tierno y dulce, correspondiendo al de esta Madre bondadosa. Muchos son los egemplos de este amor que nos ofrecen las historias de los hijos de María, y de los cuales hemos citado algunos, y vamos á insertar otros aun mas notables. S. Felipe Neri hallaba todos sus consuelos en hablar de esta Señora, llamándola su delicia. S. Buenaventura, no contento con llamarla su Señora y su Madre, llegó á decirle, que ella era su corazon y su alma. S. Bernardo decia que le habia robado el corazon. S. Luis Gonzaga, solo con oir su nombre, se abrasaba en llamas de amor, y se le ponia el rostro encendido; y finalmente, S. Francisco Solano se ponia á veces á cantar coplas con instrumentos músicos delante de una imágen de la Santísima Vírgen, diciendo que queria imitar á los amantes del mundo. Pero todo este amor es nada comparado con el que María merece como madre nuestra, y comparado tambien con el que ella nos tiene, porque no quiere ser vencida por nadie en el amor. El B. Alfonso Rodriguez, ocupado en actos de amor delante de una imágen de María, esclamó un dia: »¡Oh cuánto os quiero, Señora de los án»geles y Madre de mi Dios! ¡Cuán grande »es el amor que os tengo! ¡Oh, Señora;

»si Vos me amaseis tanto á mí!" Entonces María, como ofendida en punto de
amor, le dijo: »Eso no, Alfonso. ¡Cuán-
»to mayor es el amor que yo te tengo del
»que tú me tienes! Sepas que no hay tan-
»ta distancia del cielo á la tierra como de
»mi amor al tuyo." ¿Quién pues creerá ya
amar bastante á María Santísima? ¿Quién
se cansará de darle pruebas de amor?

DIA 24.

Acto de contricion, pág. 26.

Dolor de María en la sepultura de Jesus.

1.º María Santísima se encuentra en
ocasion de nuevo sacrificio. El tiempo ur-
gia, y se habia de colocar en el sepulcro

el cuerpo precioso de Jesus. ¡Qué dolor para la Madre haberla de arrancar por fin el tesoro que tenia estrechado en su regazo! La que estaba tan íntimamente unida con Jesus, ¿cómo se habia de separar de él? Alma mia, si esto entendieses ¡cuánto seria tu dolor tambien! Jesus te pertenece por muchos títulos, y una pasion mal mortificada lo arranca de tu corazon, y tú te olvidas como si ya estuviese muchos años en un sepulcro. ¿Tú eres de Jesus, y te apartas tan fácilmente de su amor? ¡Oh si entendieses lo que es apartarse de Jesus, aun por poco tiempo!

2.º María Santísima asiste al funeral de su divino Hijo con aquella devota y triste comitiva. Los ángeles de paz asisten á este acto el mas tierno, honrando la sepultura de su Señor. María camina con esfuerzo, porque esta es la voluntad del Padre celestial. Pero en cada paso ¡qué sacrificio! ¡qué dolor! Aquel cuerpo divino y exánime es ungido con preciosos aromas, pues si no necesita ser preservado de la corrupcion, es digno de este honor. Se le envuelve en una sábana limpia; se le coloca en la region de los muertos. ¡Oh María! tu dolor crece por momentos. No quisieras apartarte de este sepulcro glorioso, y llega ya el momento triste de tu separacion. ¡Oh si yo tuviese un corazon limpio y nuevo! Entonces le destinaria para sepulcro de mi Jesus. Pero ha sido un albergue de mónstruos ponzoñosos, y no soy digno de este tesoro. Acudiré ó Vos, oh Madre desconsolada, y vuestra mediacion me hará digno de poseer á Jesus.

3.° María Santísima sale del sepulcro donde se queda el cuerpo divino de su Hijo, y sale la última sin duda. Se prepara la losa que ha de cubrir la puerta. María ya no vé el objeto de su amor.... ¡Qué llanto tan amargo el de esta Madre! Todos los presentes lloran tambien y compadecen su dolor y soledad. Parece que veo á María como pone su corazon por sello del sepulcro. Allí descansa su Hijo, el blanco de su cariño. ¡Oh qué sacrificio! Juan, nuevo hijo de María, comienza los oficios de caridad con su afligida Madre, y con el mayor respeto la lleva á su casa, por ver si puede templar algo su dolor. ¡Oh Madre mia! no puedo menos de llorar por Vos. No tuve atencion á vuestro Hijo, y le crucifiqué con mis pecados. Pero tampoco tuve la menor compasion de Vos. ¡Cuántas veces he aumentado vuestros dolores! ¡Habrá entre vuestros hijos otro mas ingrato! ¡Qué confusion! yo que mas os debo, soy quien menos os he amado.

AFECTO.

—

¡Oh María! mar de dolor y de amargura. Vengo en este dia á cumplir uno de los deberes de un buen hijo. Vengo á acompañaros en vuestra soledad para consolaros, llorando con Vos la muerte de Jesus; ¿pero qué otro consuelo podré daros que el de detestar mis culpas, y confesar con dolor mi crímen? Madre mia, he pecado y acepto el castigo que me impongais Vos, como Madre de Jesus, á quien yo he crucificado. ¡Ah Señora! ¿qué castigo me impondreis? Me parece que os oigo decirme: te perdono, hijo mio, vé en paz, y no quieras ya pecar mas (1). No, Madre mia, no mas pecados, os lo prometo agradecido á vuestro amor, y espero que me ayudareis á cumplirlo. !Ah! sostenido por Vos ¿á quién podré temer?

Oracion para todos los dias, pág. 32.

JACULATORIA.

—

¡Oh Maria! fac me vere tecum flere, donec ego vixero.

(1)   Joann. VIII. 11.

¡Oh María! haced que mientras viva llore con Vos la muerte de Jesus.

OBSEQUIO.

—

Rezar siete Ave Marías en memoria de los siete dolores de la Santísima Vírgen. *Salutaciones, pág. 34.—Salve, pág. 36.*

PRÁCTICA.

—

Otro de los actos propios de un hijo amante es pedir siempre la bendicion de su Madre en todas sus acciones, consagrándole todas sus obras y sus talentos. Hacerlo así con María Santísima, no solo es una prueba de amor, sino un medio de atraer sobre nosotros sus gracias, y lograr el buen éxito en nuestras empresas. De algunos Santos se lee que antes de responder á lo que se les preguntaba, fijaban los ojos en una imágen de María, como pidiendo su bendicion. Juan Sebastiano, de la Compañía de Jesus, tenia en su cuarto una imágen de María, y le pedia humildemente su bendicion cuantas veces entraba y salia. S. Egmundo cuando encontraba alguna dificultad en sus estudios, se volvia hácia una imágen de María Santísima, pidiéndole se la allanase. Lo mismo practicaba el P. Suarez, animándose con la presencia de esta Señora. El Venerable P. Cárlos Jacinio, en su infancia, encontrando dificultades en aprender el alfabeto, decia: *Voy á mi Madre María*, y con esto recordaba el nombre de las letras. El P. Alfonso Obando, de la Compañía de Jesus, no hacia cosa alguna sin consagrarla á María y por su amor, llamando á este amor su pan cotidiano. Finalmente, S. Alfonso de Ligorio, no solo practicaba estos actos de ternura y amor, si que aconsejaba á los otros lo hiciesen diciendo: *¡Dichosas las acciones que irán* *encerradas entre dos Ave Marías!* ¡Oh cuánto lo serian en verdad las nuestras si así las santificásemos haciéndolas bajo la direccion de esta buena Madre!

DIA 25.

—

Acto de contricion, pág. 26.

Gozo de María en la Resurreccion de su Hijo.

1.º María Santísima, como firme roca, no vaciló un punto en la fe. Aunque herida de las olas embravecidas de la mayor tribulacion, y aunque muy amarga por la memoria reciente de los padecimientos de Jesus, perseveraba llena de esfuerzo, es-

perando con fe viva verle pronto glorioso
y resucitado, para no padecer ni morir,
Con sus palabras eficaces persuadió esto
mismo á los Apóstoles y mugeres santas,
que aun vacilaban en la fe de la Resurreccion. Aunque el Señor tarde ó difiera sus
promesas, ¿por qué hemos de vacilar?
¿Acaso nuestros males interiores ó esteriores han de acabarse tan pronto como lo
desean nuestros intereses ó falta de mortificacion? María es espejo de justicia y
perfeccion. Mirémonos en ella, copiémos-
la, y su imitacion nos hará dignos del
bien que deseamos.

2.° María Santísima, en tanto que la
dejaron sola antes de la madrugada del
Domingo por ir las santas mugeres á buscar á Jesus en el sepulcro, perseveraba
alentada en fervorosa oracion, esperando
la vista de su Hijo. El aposento se escla-
rece de repente con la luz de la Magestad
del resucitado : se le aparece Jesus, antes que á toda otra persona, lleno de glo-

ria y de belleza imponderable, y vestido de inmortalidad. María, trasportada en el mas puro gozo, adora de rodillas al Hijo de sus entrañas resucitado. Jesus premia la fe y constancia de su Madre: la levanta, la estrecha en sus brazos, saca de su pecho la espada que le atravesó Simeon, y cambia sus lágrimas en dulzura y suavidad. ¡Oh cuán bien empleados fueron sus trabajos y dolores! ¡O cuán bien remunerada su paciencia, cuan bien pagado su amor! No desmayes, alma mia, espera en tu Señor; sé constante, y mira como te convida á que resucites con él.

3.º María, despues de su amarga soledad, ve roto el saco lúgubre que vestia, y se encuentra de repente ataviada con vestido de alegría y de placer. Jesus se sienta á su lado; le muestra sus llagas abiertas llenas de hermosura y de gloria. La regala con dulce y detenida plática; le refiere su triunfo en el limbo, y la libertad de aquellos ilustres cautivos. María si-

gue los pasos de Jesus resucitado, y le ve
y le adora muchas veces. Ella es la muger
fuerte, que ha quebrantado la cabeza de
la orgullosa serpiente (1). La resurreccion
de Jesus lo confirma y nos da bien á conocer el poder y mérito de María. ¡Oh
cuánto os debemos todos! ¡ y cuánto os
debo yo, mi dulce Madre! Si no fuera por
Vos, ¿cómo cogiera ahora los frutos de la
resurreccion de vuestro Hijo, mi amoroso
Salvador? ¿ Ni cómo pudiera prometerme
llegar á resucitar á una vida nueva y espiritual?

AFECTO.

¡Oh María, Vírgen gloriosísima, resu-
citada con Jesus á una vida toda de gozos
inefables! Yo os felicito por este nuevo
estado de vuestra alma. Pasó ya el invierno vuestros dolores, cesó la lluvia de

(1) Gen. III. 15.

vuestras lágrimas, y la serenidad y la paz reina ya en vuestro corazon (1). Esto os han merecido vuestra fe, vuestra esperanza y vuestra caridad, que han formado la base de vuestras virtudes. Permitidme que llegándome á Vos tome parte en vuestro júbilo, y al efecto haced que resucite de mis antiguos estravíos, y viva ya con una vida nueva, la vida del hombre nuevo, criado segun Dios en Santidad y en justicia (2).

Oracion para todos los dias, pág. 32.

JACULATORIA.

—

Gaude et lætare, Virgo Maria, quia surrexit Dominus. Alleluya.

Alégrate, oh María, porque resucitó el Señor. Aleluya.

(1) Cant. Cantic. II. 11.
(2) Eph. IV. 24.

OBSEQUIO.

—

Rezar tres Ave Marías, saludando á María por la resurreccion de Jesus.
Salutaciones, pág. 34.—Salve, pág. 36.

PRACTICA.

—

No es menor prueba de amor á María la de gozarse en sus glorias y felicitarla por ellas con frecuencia. Por ello todos los Santos se han esmerado en darle títulos honrosos que espresasen sus grandezas y prerogativas. S. Agustin la llamaba figura ó imágen de Dios (*forma Dei*). S. Efren, milagro el mas sublime de la creacion. S. Bernardo, rayo ó reflejo de la Divinidad. S. Buenaventura, gloria de Dios, y así todos los Santos Padres. Un hijo de Santa Brígida, llamado Cárlos, decia que ninguna cosa le consolaba tanto en el mundo, como saber que María era tan amada de Dios. Santo Tomás de Cantorbery rezaba con mucha frecuencia siete Ave Marías, recordando los principales gozos y títulos de gloria que encontraba en la vida de María Santísima, y con inspiracion de esta Señora principió tambien á saludarla por sus principales títulos de gloria en el cielo. Si nos gozamos de que María sea Hija, Esposa y Madre de Dios, de que sea inmaculada, de que haya sido coronada Reina del cielo y de la tierra ¿por qué no la felicitamos con frecuencia por estos títulos tan gloriosos para ella?

DIA 26.

—

Acto de contricion, pág. 26.

Gozo de María en la Ascension de su Hijo:

1.º María Santísima acudió muy puntual con los Apóstoles y discípulos del Señor para estar presente á la despedida y Ascension de su Santísimo Hijo. Jesus aparece en el monte Olivete lleno de hermosura y magestad. Se despide muy dulcemente de su Madre y de sus Apóstoles: les dice palabras del mayor consuelo, y á vista de aquella santa multitud, eleva sus manos, les bendice y comienza á subir al cielo, por su propia virtud y poder (1). ¿Quién es el que sube al cielo, sino el que ha bajado del cielo (2)? ¿Y qué es lo que nos puede llevar al cielo? La proteccion de María. Sí: no hay duda en ello; pero será siguiendo sus pasos, copiando sus egemplos. María vivió en la tierra; pero su trato fue con los ángeles del cielo, sus palabras todas del cielo, sus pensamientos siempre fijos en el cielo. ¡Oh María! compadeceos de mí, que tan poco he hecho para lograr esta dicha. Mi mis-

(1) Act. I. 9.   (2) Joann. III. 3.

ma miseria muévaos á compasion. Nada he hecho para ganarme esta corona; pero si os interesais por mí, me enmendaré de veras, y algun dia estaré con Vos en el Paraiso.

2.º María Santísima ve con la mayor atencion cómo penetra Jesus las nubes. Ve con ojos muy claros cómo resplandece la carne glorificada de Jesus: aquella carne formada de su misma sangre en sus entrañas por virtud del Espíritu Santo: mira las llagas resplandecientes de Jesus. Ahora que todo lo embellece y hermosea, es cuando María derretida en dulces lágrimas está anegada en gozo, pues ve á su Hijo como sube glorioso á recibir el premio de sus humillaciones y trabajos, y á ocupar su trono para abogar con el Padre celestial por los mortales. Cierto es, que si padecemos con Jesus, tambien con él seremos glorificados (1). Los que siem-

(1) Rom. VIII. 17.

bran con lágrimas, recogen con gozo su cosecha (1). ¡Ah, si yo me hubiese aprovechado de estos principios infalibles! ¡Cuán hermosa se me habria ya preparado la corona! Jesus mio : no reusaré mas el padecer. Por María vuestra Madre os pido esfuerzo para llevar bien la cruz de mis trabajos, y así lograr la dicha de veros y poseeros eternamente.

3.° María Santisima queda como suspensa, fijos sus ojos en el cielo. Pero Jesus ha penetrado las nubes : ya está lleno de gloria á la diestra del Padre celestial : ya está abogando por nosotros (2). ¡Oh María! Vos quedais huérfana, y en medio de vuestro gozo tan grande, nadie puede llenar el vacío en que os deja Jesus. ¡ Qué consuelo para la Madre si hubiese ido con su Hijo á ver su triunfo y á disfrutar de su gloria! Pero la iglesia naciente necesitaba para mucho tiempo de la presencia consolado-

(1) Ps. CXXV. 5. (2) Rom. VIII. 34.

ra de María. Se retira, pues, al Cenáculo
con aquella devota muchedumbre para
cumplir la voluntad de Jesus, que les
mandó antes de su partida estuviesen re-
tirados en la ciudad, hasta que fuesen
vestidos de la virtud de lo alto (1). María
persevera en la oracion, y anima á perseverar en ella á todos los reunidos en la
casa (2). Tambien nos enseña lo mismo á
nosotros, alma mia, porque si hemos de
recibir el Espíritu Santo, solo en el retiro, y con el corazon alejado de las criaturas lo podremos lograr.

AFECTO.

—

¡Oh María! Vuestro Hijo está ya en el
cielo, y entra en posesion del reino con-
quistado con su muerte. ¡Oh qué dia tan
alegre para Vos, ¿podreis en él mirar con
indiferencia á los que quedamos huérfanos

(1) Act. I. 4. (2) Act. I. 23.

fluctuando en el mar de las tentaciones de esta vida? Alcanzadnos la gracia de tener parte en las bendiciones que derrama hoy vuestro Hijo; pero sobre todo, que como Rey del cielo y de la tierra, reine en nuestras almas, y con su reino de paz y de amor nos una de tal modo con su corazon, que como Vos, no teniendo ya cosa alguna que nos detenga en la tierra, tengamos siempre nuestra conversacion en el cielo, y deseemos siempre como el Apóstol, disolvernos por la muerte, y estar con Cristo (1).

Oracion para todos los dias, pág. 32.

JACULATORIA.

—

¡O Maria! fac me cum Christo in æternum gaudere.

¡Oh María! alcanzadme que me goce con Cristo eternamente.

(1) Philip. I. 23.

OBSEQUIO.

—

Rezar todos los dias la oracion de San Bernardo. Acordaos, &c. (*Memorare*) para alcanzar una buena muerte.

Salutaciones, pág. 34.—Salve, pág. 36.

PRACTICA.

—

Así como los amantes del mundo se complacen en tener siempre ante sus ojos el retrato de la persona á quien aman, porque les recuerda sus perfecciones, así tambien los hijos de María procuran siempre tener alguna imágen de esta Señora, que les haga presentes sus bondades, sus perfecciones y su amor. Pero no se contentan solo con tenerla, sino que la veneran y respetan como una figura de su Madre y protectora, que les sirve de escudo contra los ataques del infierno. S. Francisco de Paula tenia en su celda una pequeña efigie de María Santísima, que no quiso ceder al Rey de Francia, á pesar de ofrecerle por ella una cantidad exorbitante de dinero; con lo cual movió al Rey á llevar tambien consigo una imágen de la Santísima Vírgen. S. Cárlos Borromeo, no contento con obsequiarla privadamente en sus imágenes, mandó ponerlas en la puerta de todas las Iglesias, y exhortaba á todos á llevar encima una pequeña imágen de esta Señora. El P Sebastian Barrada, de la Compañía de Jesus, no permitia que fuese despreciada estampa alguna de María Santísima, ó colocada en lugar menos honesto, de modo que hasta los pedazos de ellas recogia y guardaba en su breviario. S. Alfonso de Ligorio, desde su infancia llevaba tambien consigo una pequeña imágen de María, á quien acudia en todas sus necesidades, recibiendo favores especiales. La utilidad de esta devocion la comprueba aquel ermitaño á quien el demonio prometió dejaria de molestarle con tentaciones impuras, si consentia en quitar de su celda una imágen de María que allí tenia: con lo cual se movió mas y mas á amarla y conservarla. ¡Oh qué bien defendidos estaríamos con tal escudo, mientras lo tuviésemos con santa intencion y respeto!

DIA 27.

—

Acto de contricion, pág. 26.

Gozo de Maria en el dia de Pentecostés.

1.º María Santísima ve con el mayor gozo y consuelo de su alma, cumplido lo que habia prometido su divino) Hijo. En el mismo dia de Pentecostés, cuando con los Apóstoles y discípulos continuaba mas fervorosa su oracion, á la hora de tercia vino sobre su purísima alma, y sobre la de todos los que estaban congregados en el Cenáculo, el Espíritu consolador (1). El alma de María que desde el instante de su inmaculada Concepcion era templo vivo del Espíritu Santo, le recibe hoy como esposo, que la viste con sus divinos dones, y la adorna con las otras gracias estraordinarias con que el Señor suele distinguir, aunque con diferente medida, á sus amigos los Santos. María aumenta hoy estraordinariamente sus méritos y tesoros espirituales. A Vos, pues, Vírgen amantísima, acudiré á que me dispongais para poder participar dignamente de los dones y frutos del Espíritu Divino.

2.° María Santísima, anegada en un mar de caridad, se humilla mas que nunca. Reconoce las bondades de su Dios: su corazon siempre inocente y puro, se ve

_____

(1) Act. II, 1.

ahora enriquecido con nuevos dones : su caridad tan bien ordenada se desplega con toda la fuerza que da el mismo Espíritu de amor::: María arde, y para acercarnos á percibir sus llamas luminosas, es preciso sacudir el polvo del mundo; menester es remover los obstáculos, que nuestras mismas imperfecciones ponen al Espíritu Santo. ¡Oh María, compadeceos de la mas flaca de las criaturas! Olvidad mis desvíos é ingratitudes; mirad compasiva mi orfandad : pedid al Divino Espíritu venga luego á mí, y me inflame en su caridad. ¡Oh Espíritu consolador, venid á mí, pues mi alma de veras os desea, y no os quiero contristar mas!

3.º María Santísima, tan rica con los dones y gracias del Espíritu Santo, como que ella sola recibió mas en este dia que todos los que allí habia congregados, no guardó este tesoro solo para sí. Su caridad empezó á desplegarse mas con los Apóstoles, alentándoles á la predicacion

del Santísimo nombre de Jesus, instru-
yéndoles en sus dudas y dirigiéndoles en
sus empresas. Su celo animaba á los re-
cienbautizados, que tenian la fortuna de
hablarla. Sus palabras dieron calma á los
atribulados, espíritu de penitencia á los
caidos, consuelo á todos, hasta los mas
miserables. Todo lo tendremos por María,
si con toda confianza acudimos á su amparo. Alma mia: si sabes esto ¿por qué has
sido tan remisa en la devocion á esta dulce Madre? Conoce tu falta; y desde hoy
procura recobrar lo que por ella has perdido.

AFECTO.

—

¡Oh María, esposa del Espíritu Santo,
unida hoy á vuestro esposo con una union
tan inefable que os llenó de la plenitud de
sus dones! vedme, Señora, como un pobre en vuestra presencia; vedme rodeado
de enemigos, agitado por las pasiones,

combatido por la tentacion. Los dones que habeis recibido para comunicarlos á los hombres, bastan á librarme de todo. Vuestro amante S. Bernardo me dice que me basta miraros y llamaros, para vencer todo lo que se me oponga. Os llamo, pues, Madre mia, y fijo en Vos mis ojos, estrella del mar: fortalecedme y dirigidme con los dones del Espíritu Santo, santificadme con sus frutos de que sois la repartidora, y salvadme con su gracia y amor.

Oracion para todos los dias, pág. 32.

JACULATORIA.

—

¡O Maria, Spiritus Sancti sponsa! ora pro nobis.

¡Oh Maria, esposa del Espíritu Santo! ruega por nosotros.

OBSEQUIO.

—

Rezar siete Ave Marías para que María

Santísima nos alcance los dones del Espíritu Santo.

Salutaciones, pág. 34.—Salve, pág. 36.

PRÁCTICA.

—

El hijo que ama á su madre nada desea tanto como verla apreciada de todos, y á esto dirige todos sus esfuerzos, publicando sus virtudes, hablando de sus perfecciones, y celebrando sus gracias. Así lo han hecho los amantes de María, procurando á todas horas atraerle nuevos amadores. El V. Berchmans en las horas de recreacion buscaba entre sus compañeros á los mas amantes de María para entretenerse en hablar de ella. S. Francisco de Borja procuró con grande empeño difundir la devocion á la Santísima Vírgen por medio de retratos suyos, sacados del que pintó San Lúcas. La V. Santoniza, maestra de un monasterio, en ninguna cosa se esmeraba tanto en veinte y siete años que enseñó, como en infundir la devocion á la Santísima Vírgen en el corazon de aquellas cándidas niñas. S. Alfonso de Ligorio era tambien celoso de la gloria de María como lo publican tantas obras escritas con el objeto de propagar su devocion. Finalmente, la misma Santísima Vírgen manifestó á Santa Brígida lo que se complace en esto, cuando le dijo : *Procura que tus hijos lo sean tambien mios.* ¡Oh cuánto nos amaria esta Señora, si procurásemos atraerle nuevos amantes, ó animar mas y mas á los que ya son sus devotos.

DIA 28.

Acto de contricion, pág. 26.

Vida pública de María Santísima.

1.º María Santísima con razon es saludada como Vírgen singular; no solo porque reunió á su purísima virginidad la fecundidad de Madre, sí que tambien porque su vida y sus acciones son egemplo y modelo singular para todos los estados. La vigilancia con que guardó y hermoseó su pureza, es y será la leccion con que todas las vírgenes aprendan á guardar el mas precioso tesoro, para ser santas en el cuerpo y en el espíritu. Su retiro, su oracion, sus vigilias, su sobriedad y templanza en la comida y en el sueño, su aplicacion á la leccion de las Santas Escrituras convidan á las vírgenes á imitarla. ¡Oh Vírgen pura! alcanzadme de Jesus, espíritu de mortificacion para que mi carne esté siempre sujeta al espíritu, y mis pensamientos no se detengan, ni aun momentáneamente, en el lodo pegajoso de esta vida.

2.º María Santísima se desposó y contrajo verdadero matrimonio con el Patriarca S. José, bien certificada de que esto no seria con quiebra de su virginidad, y de que así lo queria la voluntad divina. Al cuidado de su alma, nunca interrumpido, añadió el de su santo esposo. Obediencia, fidelidad, humildad, laboriosidad, el mayor esmero y aseo en todo lo doméstico: estas fueron las dotes de la Vírgen, esposa de José. El Señor á todos llama á su conocimiento y amor; pero por diferentes estados, pues son muchas las mansiones de la casa del Padre celestial (1). Si quie-

_____

(1) Joann. XIV. 2.

ro pues esfuerzo para llevar bien las cargas de mi estado y vocacion, imitaré el egemplo de María. Cuidaré de mi alma, segun el órden de la caridad antes que de las de los otros; practicaré las virtudes que ella me enseña, y dirigiré como ella todas mis acciones á la gloria de mi Criador.

3.º María Santísima, viuda por la feliz muerte del Patriarca S. José, siguió fiel en el servicio de Jesus, su divino Hijo, hasta que subió al cielo; y sola ya en la tierra, servida y acompañada del Apóstol y Evangelista S. Juan, que la miraba como Madre, se egercitó para egemplo de las viudas en todo género de obras de caridad con general consuelo de cuantos la trataban. Visitaba frecuentemente los lugares donde el Señor padeció y obró nuestra Redencion, y allí se derretia en suaves lágrimas aquel corazon generoso, que mejor que nadie penetraba tan profundos misterios y sabia estimarlos debi-

damente, exhalándose en continuo haci-
miento de gracias. Una no mas os pido,
Madre mia amantísima, que me alcanceis
de Jesus fortaleza para no pegarme á los
consuelos momentáneos de esta vida, ni
perturbarme en sus trabajos, siendo siempre el blanco de mis pensamientos la memoria de los misterios de nuestra Redencion.

AFECTO.

¡Oh María! espejo de justicia, modelo
perfectisimo de todos los estados de la
vida! cuando mi alma contempla la grandeza de vuestras virtudes, conoce su pe-
queñez, y no se atreve á fijar en Vos los
ojos porque les deslumbra vuestro brillo.
Yo, sin embargo, debo imitaros como hijo
vuestro ¿Quién mejor que Vos podrá en-
señarme á seguir vuestros pasos? Atraedme con el olor de vuestros aromas; con
luz del cielo hacedme conocer vuestras

perfecciones, y con gracia eficaz ayudadme á copiarlas en lo posible, para que mi alma adornada de la variedad de virtudes, merezca ser objeto de vuestras complacencias y las de vuestro Hijo en el tiempo y en la eternidad.

Oracion para todos los dias, pág. 32.

JACULATORIA.

—

¡O Maria! fac nos in divino amore ferventes.

¡Oh María! hacednos fervorosos en el amor á Dios.

OBSEQUIO.

—

Rezar diez Ave Marías en memoria de las principales virtudes de María Santísima.

Salutaciones, pág. 34.—Salve, pág. 36.

PRACTICA.

El amor de los siervos y devotos de María nunca ha dejado de encontrar nuevos modos de honrarla y obsequiarla. Tales son por egemplo las coronas ó especie de rosarios que su fervor les hacia inventar para manifestarle su amor, y honrarla por sus privilegios, como la coronilla de la Inmaculada Concepcion, la de los Dolores y otras varias. S. José de Calasanz dispuso que sus hijos los clérigos de la Madre de Dios, rezasen la coronilla de los cinco salmos que principian por las letras del Nombre de María. Santa Juana Francisca Fremiot rezaba todos los dias la coronilla de las virtudes de María, compuesta de un Padre nuestro y diez Ave Marías, en memoria de estas virtudes principales, á saber: pureza, piedad, prudencia, humildad, obediencia, sinceridad, pobreza, caridad, conformidad y paciencia. El V.

Berchmans y el P. Cárlos Spinola rezaban otra en memoria de los nueve meses que Jesus estuvo en el seno de María Santísima, repitiendo otras tantas veces el Ave María con el verso: *Bienaventuradas son las entrañas de María Vírgen, que llevaron al Hijo del Eterno Padre.* El V. P. La-Puente rezaba tambien el rosario invocando en cada decenario á un coro de ángeles ó de Santos, para que de este modo fuese mas acepto á la Santísima Vírgen; y finalmente, Santa Liduvina pedia á su Angel de Guarda se encargase de presentar sus oraciones á María. ¡Oh cuántos medios de honrar á María Santísima y atraerme sus miradas me ofrecen sus devotos!

DIA 29.

Acto de contricion, pág. 26.

Vida oculta de María Santísima.

1.º María Santísima, llena de gracia y en posesion pacífica de la justicia original, vivió en la tierra como una vida media entre la de los bienaventurados y viadores. Su corazon estuvo de continuo abrasado en el mas puro amor de Dios, aventajándose á los mismos serafines. Sus deseos, sus pensamientos, no sufrieron el mas mínimo desvío, siempre fueron de Dios. Sus ansias fueron avanzar mas y mas en su amor, y así fue efectivamente en todas sus respiraciones y movimientos. Dichosa mil veces el alma que siga vuestros pasos generosos.

¡Oh María! ¡oh antorcha inestinguible! Sea mi vida toda para el amor de Jesus.

2.° María Santísima, cual aroma preciosa, exhalaba olor de suavidad continuamente ante el altar del Altísimo (1). Estaba como en continuo éxtasis, elevada en contemplacion sublíme. Sus ojos interiores mas vivos que los de los ángeles y Profetas, miraban amorosamente á Dios; gustaba las delicias del cielo, y parece que por María estaba escrito: Mi amado es para mí, y yo para él (2). No se suelen codiciar las castas delicias del espíritu, porque no se han gustado; ni el paladar grosero sabe apreciar el néctar, que solo beben los pobres de espíritu y los limpios de corazon. Solo la memoria de María basta para hacernos entrar dentro de nosotros mismos, y alegrarnos en este reino interior con nuestro Dios, que siempre se agrada de corazones bien desocupados. Y

(1) Eccl. XXIV. 15. (2) Cant. Cantic. II. 16

si acudimos con fe y perseverancia á María ¿no conseguiremos esta gracia? Sí, alma mia: llégate con confianza y la lograrás.

3.° María Santísima se reconocia por esclava del Señor, y así en la altura de tantas gracias y mercedes nunca perdió de vista su nada y pequeñéz. Hizo un continuo esfuerzo para la propia negacion. Así fue en los gozos tan templada, como en los continuos trabajos tan paciente, y en las mas amargas tribulaciones tan esforzada. Ni los ángeles pueden bosquejar el templo interior de María, donde plugo al Señor habitar. Las sombras y fantasmas, que asustan á las veces nuestro corazon, ¿de dónde nacen, alma mia, sino de que aun vivimos para nosotros mismos? El peso de las tribulaciones que le agrava, ¿de dónde sino de la fuerza de nuestro amor propio? María es Madre del santo amor; invoquémosla y remediará los males de nuestra alma.

AFECTO.

—

¡Oh María! arca viva del Santuario de Dios, vuestro corazon es el huerto cerrado donde solo entra el Esposo (1); y vuestra alma la fuente sellada por la Trinidad Santísima. ¿Quién comprenderá vuestra perfeccion interior? Mi alma en su pequeñéz la admira, y desea ocuparse en contemplarla. Haced, Madre mia, que reflejen en mi corazon algunos rayos de esa luz que os circunda y os hace toda hermosa, para que tambien mi corazon desprendido de la tierra, sea un templo vivo del Espíritu Santo, donde solo se queme el incienso de la oracion en el fuego de la caridad, sobre la leña de la mortificacion, para que mi vida sea un holocausto perpétuo de olor suavísimo al Señor.

Oracion para todos los dias, pág. 32.

(1) Cant. Cantic. IV: 12.

JACULATORIA.

—

¡O Maria! magistra et exemplar vir-
tutum, fac me similem tibi.

¡Oh María! maestra y modelo de todas las virtudes, enseñadme á imitaros.

OBSEQUIO.

Rezar tres Ave Marías para que María
Santísima nos alcance del Señor la gracia
de imitar sus virtudes.

Salutaciones, pág. 34.—Salve, pág. 36.

PRÁCTICA.

—

Entre todos los caractéres de la devocion y amor á María, ninguno se nos puede ofrecer tan marcado y seguro como el
de la imitacion de sus virtudes. La misma
Santísima Virgen lo dijo asi á una sierva
suya de la tercera órden de Santo Domin-

go, que le pedia se dignase enseñarle un egercicio que le fuese agradable. Imita, le dijo, mis virtudes, en especial mi caridad, mi humildad y mi pureza. Convencido de esto S. Francisco de Borja, formaba y repartia mensualmente entre las señoras de la córte de Madrid, cedulitas en que ponia una virtud de María Santísima para que procurasen imitarla durante aquel mes, con lo cual logró admirables resultados. Practicaba tambien esta devocion la Venerable Francisca de Jesus, Religiosa de Santa Teresa, que cada semana solia considerar las acciones principales de la vida de nuestra Señora, procurando imitarlas con sumo cuidado. Este egercicio puede hacerse sobre todo en las octavas de la Santísima Vírgen, como lo aconsejaba San Vicente Ferrer, y despues S. Alfonso de Ligorio, imitando en la octava de la Concepcion la pureza de intencion, en la del Nacimiento la renovacion del espíritu, en la Presentacion el desprendimiento general, y en especial de alguna cosa preferida hasta entonces, en la Anunciacion la humildad, en la Visitacion la caridad, en la Purificacion la obediencia, y en la Asuncion el desapego de las cosas mundanas y preparacion para la muerte. ¡Oh, cuán meritorias serian de este modo para nosotros las fiestas de María!

DIA 30.

Acto de Contricion, pág. 26.

Tránsito feliz de la Santísima Virgen.

1.º María Santísima que siempre fue un cielo animado, despues de la Ascension de Jesus, su divino Hijo, sintió mas fuertes deseos que nunca de verle y acompañarle en aquella bienaventurada patria.

15

Acercándose ya el tiempo en que el Señor queria trasladar esta arca celestial de la Jerusalén terrestre á la Jerusalén eterna, el ángel del Señor previene á María con tan dulce nueva, bajándola del Empíreo una palma hermosísima, prenda y señal de la victoria. María, sin dolor ni enfermedad, ni tristeza, queda fuertemente herida del divino amor. Ve cumplidos sus deseos en la reunion prodigiosa de los Apóstoles. Les dice palabras tiernísimas para alentarlos en los trabajos de su mision, y lega dos pobres túnicas á unas afortunadas vírgenes. Desea ya ansiosa el momento de su tránsito, y bendice á todos y les llena de consuelo. ¡Oh Madre mia! con mucha confianza me llego á Vos para recibir tambien vuestra bendicion. Séame esta un escudo que me prepare para una muerte santa en el ósculo del Señor.

2.º María Santísima, compuesta y recogida sobre su pobre lecho, ve á Jesus su Hijo, que acompañado de espíritus ce-

lestiales viene á recibir su alma en paz.
María, en altísima contemplacion, oye la
voz de su Amado que la llama para sacarla
triunfante de esta vida. Su alma no puede
resistir mas el eco de aquella voz divina. Se
exhala como perfume, y sale de este mundo arrebatada por la fuerza de su amor,
para ponerse en manos de Jesus, quien
con egércitos de ángeles la lleva al cielo
para amar sin tasa á su Dios. ¡Oh María!
¿vuestra muerte será para dejarnos huérfanos del todo en este valle de lágrimas?
Alma mia: ¿tendrás aun tu corazon pegado
á la tierra? Jesus está en el cielo, María
entra tambien en él. Levanta, pues, tu corazon hácia lo alto, ya que tantas veces
protestas no amar sino á Jesus y María; y
no vivas sino para el cielo.

3.º María Santísima murió, no como
descendiente de Adan segun la culpa, sino
segun la carne. Su cuerpo exánime quedó
tan decentemente compuesto como debia
llevarse al sepulcro. Allí no aparecian se-

ñales de muerte ni de corrupcion: el cuerpo puro de María, de cuyo seno habia nacido Jesus, no podia exhalar mas que fragrancia y suavidad del cielo. Los Santos Apóstoles y vírgenes vecinas á su casa, deshechos en lágrimas adoraban aquellas manos purísimas que fueron dignas de sostener al Criador del universo hecho hombre. Otros besaban sus pies; otros entonaban cánticos de accion de gracias por las virtudes y méritos de aquella Vírgen admirable. Las vírgenes cristianas coronaron su cabeza con flores olorosas; y otras las esparcian en rededor del cuerpo virginal, á cuyo contacto sanaron muchos enfermos. Colocado por fin en el sepulcro de Gethsemaní, velaban junto á él por tres dias, alternando las músicas de los ángeles con las de los primeros hijos de la Iglesia. Corre, alma mia, tambien á velar junto á María; con humildad profunda besa sus pies y permanece junto á ella, porque bienaventurados son, dice ella misma, los que velan á mis puertas todos los dias (1).

AFECTO.

—

¡Oh María! Vos mejor que David, podeis esclamar en este dia : el lazo ha sido roto, y yo me veo libre (2) ; el lazo de la vida que os apartaba de la compañia de Jesus se ha roto en fuerza de vuestro amor , y habeis volado á buscar á vuestro amado. Pero no olvideis, Señora, que teneis otros hijos, que por su miseria necesitan de Vos , y tambien os aman : no los dejeis pues abandonados; velad sobre ellos desde el cielo , para que lleguen á unirse de nuevo con Vos en el reino de la paz. ¡Oh Madre , yo soy uno de vuestros hijos ! ¡ Oh si mi amor os atrajese á mi lado , como el de Jesus ! pero ya que no pueda amaros tanto, quiero amaros el

(1) Prov. VIII. 34. (2) Ps. CXXIII. 7.

primero despues de Jesus, para que este amor me levante de la tierra, á su impulso acabe mi vida, y con la ligereza de la paloma me conduzca á vuestros pies en el cielo.

Oracion para todos los dias, pág. 32.

JACULATORIA.

—

¡O Maria! ora pro nobis peccatoribus nunc et in hora mortis nostræ.

¡Oh María! ruega por nosotros pecadores, ahora y en la hora de nuestra muerte.

OBSEQUIO.

—

Rezar tres Ave Marías ó Salves para que la Santísima Vírgen nos asista en la hora de la muerte.

Salutaciones, pág. 34.—*Salve, pág.* 36.

PRACTICA.

El dia y el momento en que el amante de María debe coger el fruto de su devocion, es el de la muerte, en que el demonio hace todos los esfuerzos posibles para perder las almas, al paso que María Santisima se presenta á premiar con su bendicion y con la gloria que le subsigue, los actos de amor que practicaron sus siervos. He aquí, pues, el obgeto á que debe dirigir sus súplicas el amante de esta Señora, seguro de que en aquella hora no le faltará su proteccion. S. Andres Avelino sostuvo en su muerte una lucha tan terrible con el demonio, que sus ojos derramaban rios de lágrimas, el rostro se le hinchaba, y todo él se estremecia. Su único recurso era fijar los ojos en una imágen de María, de quien habia sido muy devoto, y que en efecto vino en su socorro; porque se quedó otra vez tranquilo, y mirando siempre la imágen, le hizo una reverente inclinacion y espiró con dulce sonrisa. El P. Suarez, que era muy devoto de María Santísima, y decia, que hubiera trocado todo su saber por el mérito de una Ave María, murió con tanta alegría que esclamó al tiempo de morir: que jamás podia imaginarse, si entonces no lo esperimentára, que era tan dulce la muerte. Los egemplos de la asistencia de María á sus devotos en la muerte son innumerables; todos prueban que el mejor medio de lograr dicha tan grande es la devocion á esta Señora. Ella misma dijo á Santa Matilde que tendria una buena muerte si rezaba cada dia tres Ave Marias, en reverencia del poder, sabiduría y bondad, que habia recibido de la Trinidad Santísima. ¿Quién se resistirá pues en vista de esto, á ser amante y fiel siervo de María?

DIA 31.

Acto de contricion, pág. 26.

Coronacion de María Santísima.

1.º El alma de María, glorificada y elevada sobre todos los ángeles y bienaventurados con el mas lucido acompañamiento, bajó á buscar el cuerpo virginal que descansaba incorrupto en el sepulcro de Gethsemaní, y unida á él quedó éste vestido de ropas de gloria y de inmortalidad, dejando sus vestidos ordinarios en el sepulcro. Dotada ya María de los dotes de los bienaventurados, salió sin abrir la puerta del monumento, y penetrando todos los cielos fue recibida por la Trinidad Beatísima con mas pompa de la que puede imaginar el entendimiento del hombre. Así premia el Señor los trabajos llevados con paciencia por su amor. Este es el premio que Dios guardaba á esta Vírgen incomparable, porque siempre tuvo su carne sujeta á las leyes del espíritu. Aprende, alma mia, y no reuses la mortificacion de los sentidos al contemplar cuanta gloria te se prepara por ella en el cielo.

2.° El Padre Eterno corona á María como Reina del cielo y Señora del mundo. El Hijo Unigénito la corona con diadema de gloria y de poder, premio debido á su humildad é inocencia. El Espíritu Santo la corona con diadema de victoria porque se aprovechó de su gracia, y con tanto esfuerzo y valentía quebrantó la cabeza de la orgullosa serpiente. Dios mismo ha de ser nuestra recompensa (1). Alma mia, ¿para qué pues entretenernos en obgetos caducos y despreciables? Sí, Dios mio; confieso que anduve errado y busqué inútilmente mi gloria en las criaturas. Aho-

_____

(1) Gen. XV. I.

ra vuelvo á Vos, y os protesto perpétua fidelidad, para recibir de Vos mismo la corona de gloria, despues de los dias de mi peregrinacion.

3.º María Santísima es colocada en el cielo en un trono magestuoso muy cerca del que ocupa su Hijo. Allí es despues de Dios y de la humanidad de Jesus, la admiracion de los ángeles, y contento de todos los bienaventurados. Allí está en medio de tanta gloria, dotada de poder incomparable, abogando por todos los mortales. Sin cesar espone á su Hijo nuestras necesidades; sin cesar alcanza lluvias de beneficios á los necesitados; sin cesar detiene la espada de la Divina justicia, para que no se pierdan los pecadores. ¡Oh María, tan gloriosa y poderosa! ruega por todos, pide por todos; sálvanos á todos.

AFECTO.

—

¡Oh María, coronada por la Trinidad

Santísima como Reina del cielo y de la tierra ; yo me uno á los ángeles y bienaventurados, y os aclamo tambien Reina de mi corazon. La memoria de vuestras virtudes ha perfumado en este mes mi corazon con olor de suavidad. Duélome de la pobreza de mis obsequios, y del tiempo que no os serví, porque no conocia aun lo inefable de vuestros merecimientos. A ley de Hijo, aunque estraviado, os consagro mi corazon y mis afectos : os prometo mas fidelidad y reverencia en vuestras alabanzas y servicio, y espero que como Madre de misericordia abogareis por mí, para que nunca mas pague el tributo del pecado, y sirviendo constantemente á Jesus, logre en mi muerte vuestra asistencia y favor, para ir luego al cielo, á gozar con Vos de la vision del Padre y del Hijo y del Espíritu Santo. Amen.

Oracion para todos los dias, pág. 32.

JACULATORIA.

¡O Maria! Jesum benedictum fructum ventris tui, nobis post hoc exilium ostende.

¡Oh María! despues de este destierro muéstranos á Jesus, fruto bendito de tu vientre.

OBSEQUIO.

Rezar el santo Rosario pidiendo á María Santísima la gracia de gozar de su compañía en la eterna Jerusalén.

Salutaciones, pág. 34.—Salve, pág. 36.

PRÁCTICA.

Al concluir las prácticas de devocion en honor de María Santísima, ninguna me parece mas á propósito para formar el complemento de todas, que la que forma

el obgeto mismo del mes de María: ofrecerle guirnaldas de místicas flores. S. Estanislao de Koska lo hacia todos los dias,
presentando á la Santísima Vírgen una corona compuesta de varios actos de mortificacion y de virtudes, que practicaba en
honor suyo. »Este obsequio, dice el ilus-
»trísimo D. Antonio Claret, Arzobispo de
»Santiago de Cuba, lo practican todos
»cuantos son verdaderamente devotos de
»María, porque saben que el mayor ob-
»sequio que pueden hacerla es abstenerse
»de defectos, y practicar é imitar sus vir-
»tudes. Voy á poner un egemplo de esto,
»y sea la paciencia. La persona que quie-
»re tejer á María una guirnalda de actos
»de paciencia, le pedirá por la mañana la
»gracia de tenerla en todo, y le ofrecerá
»el obsequio de abstenerse de decir pala-
»bras ásperas con voz alta ó altanera, ó
»de otro modo que indique enojo. Al me-
»dio dia observará qué tal ha cumplido
»este propósito: si lo ha cumplido, dará

»gracias á Dios y á la Santísima Vírgen : y
»si halláre haber faltado : besará tierra
»haciendo en ella una cruz con la lengua,
»y dirá una Ave. María. Ademas de abste-
»nerse del mal, procurará hacer actos po-
»sitivos de paciencia , y dirá estas ú otras
»palabras semejantes al ofrecérsele algun
»contratiempo ó incomodidad : *todo sea*
»*por Dios, sea en descuento de mis culpas,*
»*dadme paciencia, Vírgen Santísima.* Al-
»guna de estas jaculatorias la repetirá has-
»ta cincuenta veces, que formarán la co-
»rona. Por la tarde hará otro tanto hasta
»la noche. He aquí el modo esplicado de
»formar coronas ó guirnaldas espirituales
»de la virtud que se quiere regalar, ó con
»que se quiere obsequiar á María Santísi-
»ma. (Nov. al SS. Coraz. de Mar.)" ¡Oh si
así lo practicásemos sucesivamente con
todas las virtudes, cuán pronto llegaría-
mos á la perfeccion! ¡Qué pruebas tan
sinceras de amor y devocion daríamos á
la Santísima Vírgen ! ¡Cuántas bendiciones

derramaria ella, y por su intercesion toda la Santísima Trinidad sobre nuestras almas! ¡Y cuán bien podríamos mirar nuestra devocion á María como una señal de predestinacion!

DIA 1.° DE JUNIO.

El egercicio de este dia en que se da fin al mes de María, debe formar como el complemento de todos los demas, y ser como el fruto de todos los egercicios y prácticas diarias. En él pues debe hacerse el ofrecimiento á la Santísima Trinidad del Ramillete místico de las virtudes de María, que durante el mes se han contemplado y admirado, y el ofrecimiento á la Santísima Vírgen, y por su mano á la misma Beatísima Trinidad, del otro ramillete de Actos de virtud y piadosas prácticas, con que la hemos procurado obsequiar en estos dias, concluyendo con la solemne consagracion de nosotros mismos al servicio de María Santísima.

Purificada pues el alma por el Sacramento de la Penitencia de las faltas que la manchaban y podian hacerla indigna de las gracias del Señor y de las miradas de María, y unida á Jesus por medio de la Sagrada Comunion, recibida en obsequio de la Santísima Vírgen y con intencion de ganar la Indulgencia plenaria, que el S. P. Pio VII concedió á los que practican estos egercicios, se ocupará en dar gracias al Señor por sus beneficios, y hará la consagracion anteriormente dicha, valiéndose para ello de las siguientes oraciones.

ORACION Á LA SANTÍSIMA TRINIDAD.

Dios y Señor de todas las cosas, Padre Hijo y Espíritu Santo, Criador, Redentor y Santificador del hombre, yo os doy gra-

16

cias por todos y cada uno de los beneficios que de vuestra divina Magestad he recibido en este mes por la intercesion y
méritos de María Santísima vuestra Hija,
Esposa y Madre, á quien con tanta misericordia me habeis permitido obsequiar y
honrar.

Mi alma os engrandece y mi espíritu se
regocija en Vos, Dios mio (1), porque
mirando la humildad de vuestra sierva y
Madre María Santísima, obrasteis en ella
cosas grandes, ostentando la omnipoten-
cia de vuestro brazo para que al verla la
llamasen bienaventurada todas las generaciones. Dulcemente conmovida mi alma
con la meditacion de sus heróicas virtudes, os suplica con humildad os digneis
admitir de mi pobre mano el ramillete oloroso que para honraros recordando vuestras misericordias con ella, he formado en
mi corazon de todas sus perfecciones, que

(1) Luc. I. 46.

se exhalan ante Vos como perfumes con olor de suavidad. Aceptadlo, Dios mio, y con él admitid tambien otro pequeño manojito de flores que la mano de María con el influjo de vuestra gracia ha criado en mi pobre corazon. Son, Señor, las prácticas piadosas y santos egercicios de virtud en que he procurado ocuparme estos dias. Recibidlos pues de manos de María Santísima, y dignaos hacer que se arraiguen mas y mas en mi corazon, hasta producir frutos abundantes y sazonados de vida eterna. ¡Oh María! presentadlos á la Trinidad Santísima, que de vuestra mano los aceptará benigna; y atraed sobre mi alma una gracia eficaz para imitaros y perseverar en vuestro amor con la bendicion del Padre, del Hijo y del Espíritu Santo.

CONSAGRACION Á MARÍA SANTÍSIMA.

¡Oh Reina del cielo y de la tierra! obra maestra del Omnipotente, milagro de la creacion y de la gracia, Madre de Dios y Madre mia; vedme en vuestra presencia. He concluido, Señora, los egercicios que emprendí gustoso para conoceros, para obsequiarios y para imitaros. He contemplado vuestras perfecciones, os he rendido mis pobres homenages, y he procurado plantar en mi corazon las semillas de vuestras virtudes. Porque os conozco, os elijo por mi Madre y mi Señora; porque quiero obsequiaros, me consagro á Vos; y porque quiero imitaros, os suplico me admitais en vuestro servicio. Ea pues, Madre mia, ved aquí á vuestro Hijo; Reina mia, ved aquí á vuestro esclavo que se os entrega para siempre. Yo os consagro mi cuerpo con sus sentidos, mi corazon con sus afectos, mi alma con sus potencias, mi vida con todo cuanto soy, porque quiero serviros y eternamente pertenecer á Vos. Ya no soy mio, madre mia, soy vuestro. Cuidad pues de mí, vestidme la librea de vuestros siervos y el trage de vuestros hi-

jos, que lo forman vuestras virtudes, para
que en la presencia del Señor aparezca
como hijo y siervo vuestro, y para que
me reconozcan por tal los ángeles, los
hombres y los mismos demonios que me
respeten como propiedad vuestra. Recor-
dadme mis promesas y mis deberes con
Vos, y no permitais que falte á ellos. ¡Oh
María! quiero morir mil veces antes que
perder vuestro amor y hacerme indigno
de vuestras miradas y bendiciones. Qui-
tadme la vida antes que tal suceda y os
ofenda á Vos y á vuestro Hijo: no mas pecados, no mas ingratitudes, no mas tibie-
zas. Amor, fervor, gratitud y perseverancia, ved aquí lo que deseo, ved aquí lo
que os pido y lo que espero alcanzar de
vuestro maternal corazon. ¿Será posible
que abandoncis á una pobre criatura, que
despues de Dios pone en Vos toda su confianza y se consagra toda á Vos? No, no
es posible: porque Vos sois Madre, y una
Madre no puede olvidar ni abandonar á

su hijo (1). Vuestro soy y salvadme (2); y
para salvarme, haced que os imite, haced
que os ame, y que mi amor me haga olvi-
darlo todo para vivir solo para Dios y para
Vos en el tiempo y en la eternidad, donde
con gratitud sin medida repita sin cesar:
Bendicion, claridad, accion de gracias, virtud, honor y fortaleza á la Hija, Esposa y
Madre de Dios, á la que fue concebida sin
pecado, á la que fue exaltada sobre todos
los cores de los ángeles para reinar en el
cielo y en la tierra por todos los siglos de
los siglos. Amen.

(1) Isaí. XLIX. 15. (2) Ps. CXVIII. 94.

RAMILLETE DE FLORES MISTICAS.

Esplicacion de las cedulitas que comunmente se reparten á los fieles en los egercicios del Mes de María:

ó sean

Meditaciones sobre las principales virtudes de la Santísima Virgen, para todos los dias del Mes de Mayo.

DIA 1.º DE MAYO.

—

FE.

—

Imitad la fé humilde, firme y viva de la Santisima Virgen María.

1.º   La fé es la primera de las virtudes del cristiano, sin la cual no es posible agradar á Dios (1); es la aurora de la vida de la gracia; la luz que nos descubre las perfecciones y las grandezas de Dios, y la estrella que como a los Magos nos precede en nuestro viage sobre la tierra hasta encontrar la puerta de la eternidad. Pero

(1) Heb. XI. 6.

esta fe, para ser verdaderamente tal ha de ser humilde, firme viva ó activa. He aquí los caractéres de la fe de María que debemos imitar. Fue humilde, porque sujetó su entendimiento, aunque ilustrado naturalmente, á las verdades de la Religion, sin inquirir sobre ellas, ni dudar en lo mas mínimo, ni buscar razones humanas para convencerse. Lo que Dios dice no puede menos de ser cierto. Este es todo el argumento de una fe humilde como la de María. ¡Alma mia! ¿Te acomodas á este modelo tan perfecto? ¿Humillas tu entendimiento ante las aras de la fe?

2.º La fe de María fue firme en sus principios, y constante en todas las pruebas á que Dios la sujetó, sin vacilar jamás por las circunstancias que parecian contradecirla. Se le dice que concebirá siendo Vírgen, y lo cree; vé á su Hijo en un pesebre, y le adora como á Criador del cielo y de la tierra; le mira sujeto á todos los accidentes de la infancia, pequeño, pobre, perseguido, y cree finalmente que es eterno, omnipotente. Le vé llorar y que no hablaba, y no duda de su infinita sabiduría. Le vé blasfemado, atormentado y muerto en una Cruz, y permanece firme en su fe, y no vacila ni un solo instante. ¿Cuál era la causa de su firmeza? El ángel habia dicho: el que de tí nacerá será Hijo del Altísimo (1); y esto fue bastante para que creyese. ¡Oh qué egemplo, alma mia! ¿Cuántas veces dudas y no desechas los pensamientos que el demonio te sugiere contra la fe, porque el aspecto de las cosas no parece corresponder á su grandeza? Imita á María en su firmeza, y tu fe te preparará la salvacion.

3.° La fe de María no solo fue humilde y firme, sino tambien viva, porque fue la regla de sus acciones, y la vida de su alma. La fe le decia que Jesus era Dios, y no solo lo creyó, sino que le adoró y

(1) Luc. I. 35.

permaneció firme al pie de la Cruz , dando un público testimonio de su divinidad. Por esto la Iglesia canta en su honor : Gózate ¡oh María! porque tú sola destruiste todas las heregías en todo el mundo. ¡Alma mia! tú has recibido de Dios el don precioso de la fe ; pero esto de nada te servirá si tu fe está muerta y no imitas á María, haciendo de ella una virtud práctica. Dices que crees, haz lo que dices, y entonces tendrás fe, escribe S. Agustin. Si quieres imitar la fe de María, vive como ella, sea la fe la regla de todas tus acciones , y no digas ni hagas jamás cosa alguna indigna del que cree como María, y se confiesa miembro de Jesucristo por la fe.

AFECTO.

—

¡Oh María , luz de todos los fieles! Reina de la verdadera fe, que conservaste siempre encendida su luz en medio de las tinieblas de las tribulaciones y pruebas á que os visteis espuesta: vedme á vuestros pies, deslumbrado con el brillo de vuestra viva fe. Yo, Señora, tambien he recibido de la divina misericordia este don precioso; pero no he puesto en egercicio este don haciendo de él una virtud práctica con mis obras. Mi fe hasta ahora ha sido muy débil, y muchas veces ha sido muerta y aparente. Señora, vivificadla, aumentadla, y haced que se adelante, teniéndoos á Vos por modelo, y publiquen mis palabras y mis obras que soy por ella miembro vivo del cuerpo místico de Jesucristo.

DIA 2.

ESPERANZA.

Pedid á María como Madre de la Santa Esperanza, se digne arraigarla mas y mas en vuestro corazon.

1.° La esperanza nace de la fe. El conocimiento que ésta nos da de Dios, de sus perfecciones y de sus beneficios, hace que concibamos una dulce confianza en su providencia y en su bondad que quiere salvarnos, y no nos abandona en las necesidades de la vida. La esperanza pues es la virtud que nos hace esperar de Dios por los méritos de Jesucristo la salvacion eterna y los ausilios y bienes temporales que á ella pueden conducirnos. Esta esperanza hace que con una seguridad y confianza santa nos arrojemos en brazos de la divina Providencia en todos los sucesos de nuestra vida, convencidos de que Dios nos defenderá, y no permitirá seamos confundidos, mientras á el solo le busquemos y cumplamos su ley santísima. ¡ Alma mia ! ¿ vives persuadida de que no será confundido el que espera en el Señor? Si así lo crees, ¿por qué buscas el apoyo de las criaturas y pones en ellas tu confianza en el momento de la tribulacion?

2.° Yo soy la Madre de la santa esperanza, dice María (1); y lo es en realidad, porque nos la enseña con sus egemplos y la infunde en nuestros corazones con amor maternal. Corre pues, alma mia, y aprende de María esta virtud para imitarla. Ella la egercitó heróicamente cuando su esposo se vió combatido de crueles sospechas por

(1) Eccl. XXIV. 24.

su preñez, porque puso en Dios toda su confianza y de él solo esperó la defensa de su inocencia. Ella la practicó cuando se vió desechada en Belén y reducida y retirarse en un pesebre, cuando tuvo que huir á Egipto, haciéndolo sin quejarse, sin provision alguna, confiada siempre en la bondad de Dios que no permite sea nadie afligido mas de lo que le conviene (1). Ella la demostró tambien cuando pidió á su Hijo convirtiese el agua en vino, y á pesar de su aparente negativa, dijo á los sirvientes que hiciesen cuanto su Hijo les dijere (2), y finalmente, cuando esperó constante la resurreccion de Jesus, apoyada tan solo en sus promesas. ¡He aquí cómo María nos enseña á confiar en el Señor! ¡Oh cuán bueno es esperar en su bondad, y entregarnos confiadamente en sus manos!

3.º María no solo nos enseña con sus

(1) Cor. X. 13. (2) Joánn. II. 5.

egemplos á confiar en Dios, sino que infunde y aumenta en las almas esta virtud preciosa. Por ello la Iglesia la llama esperanza nuestra, y S. Agustin, única esperanza de los pecadores (1). María es nuestra Madre, y quiere nuestra salud; ella conoce que la salud no podemos esperarla sino de Dios, y por lo mismo hace nacer y crecer en nuestro corazon esta santa esperanza en la misericordia divina. Acude, pues, alma mia, á María. Tus tribulaciones te harán creer muchas veces que Dios te abandona por tus culpas; si así sucede, llégate á esta buena Madre y hará renacer en tu alma la confianza y con ella la paz.

AFECTO.

¡Oh María, esperanza nuestra! ¿á quién mejor que á Vos acudiré para que en mi corazon se arraigue la santa confian-

(1) Serm. 18. de Sanct.

za en la divina misericordia, y en la providencia paternal del Señor? Vos sois la madre de la santa esperanza, y como madre nuestra la infundís en nuestras almas para que las tribulaciones y las pruebas en que nos pone nuestro buen Dios no nos abrumen y nos hagan decaer en su servicio. ¡Oh Señora! Vos sabeis mi debilidad y mi miseria; fortalecedme, comunicándome la confianza firme con que os arrojásteis siempre en los brazos de la divina Providencia, para que os imite, y siguiendo vuestro egemplo no sea jamás confundido en mi esperanza.

DIA 3.

AMOR DE DIOS.

—

Pedid al corazon de María, que ardió siempre en el fuego del amor divino, que os enseñe á amar á Dios.

1.° Amarás á tu Dios con todo tu corazon, con toda tu alma y con todas tus fuerzas (1). He aquí el primer precepto de la ley, que forma el compendio y el término de la perfeccion, porque es la vida del alma, y el alma de todas las virtudes. La fe es como el resplandor del fuego, la esperanza es su llama; pero el fuego mismo es la caridad. Sin ella es inútil la fe, es vana la esperanza, y aun cuando

(1) Marc. XII. 30.

reuniésemos todos los dones y todas las gracias, sin el amor de Dios, seríamos como metal que suena en el aire, seríamos como nada (1). ¡Cuán infeliz soy yo si no amo á Dios! ¡Cuán infeliz si no le amo como debo! ¡Cuán infeliz en fin, si en vez de amarle á él, amo á las criaturas! En vano seré rico, en vano me llamarán sabio, en vano me veré colmado de honores; sin el amor de Dios seré eternamente desgraciado. Al que no ama á nuestro Señor Jesucristo sea anatema, dice San Pablo (2).

2.º Yo soy la madre del amor hermoso, dice María (3). No desconfies pues, alma mia, si te ves tibia en el amor de Dios. Corre á los pies de esta Madre que te alimentará con la leche de su caridad, y pídele que te enseñe á amar á Dios.

(1) I. Cor. XIII. 1. (2) I. Cor. XIII. 22.
(3) Eccl. XXIV. 24.

Contempla todas las acciones de su vida, y hallarás en ella lecciones admirables de esta virtud. Solo María desde el primer instante de su ser inmaculado amó perfectamente á Dios, le amó mas que todos los espíritus bienaventurados, y le amó del modo mas digno que pudiera amarle una criatura. Su entendimiento libre de las tinieblas que engendró la culpa, le conoció cuanto puede ser conocido, y conociéndole, le amó cuanto es posible amarle. ¿Quién podrá sondear el occéano del amor de María? Abísmate en él, alma mia, y aprende á amar á tu Dios.

3.° El amor de María á Dios no estuvo tan solo encerrado en su corazon. Todas sus palabras, todas sus acciones, lo publicaron, porque todas se dirigian á cumplir su voluntad, á adorarle, á glorificarle, y á hacer que todos le glorificasen y le amasen. Hoy desde el cielo nos recuerda todas sus acciones con este fin. Si somos sus hijos, y le ofrecemos flores, ninguna puede agradarle tanto como la flor hermosa del amor de Dios. Preséntasela, alma mia, sacrificando á Dios por manos de María tu cuerpo, tu corazon y tu alma. Si amas á Dios, aborrécete á tí misma; si amas á Dios, aparta tu corazon de las criaturas; si amas á Dios, renuncia á tu voluntad propia; si amas á Dios, toma la cruz, y en ella como María, muere á todo lo que no sea Dios; y vive tan solo para Dios.

AFECTO.

—

¡Oh María! Madre del amor hermoso, cuyo corazon es una pura llama de caridad para con Dios: comunicadla al mio, que hasta ahora tan tibio se ha mostrado en cumplir el precepto de amar á Diós sobre todas las cosas. Quiero amarle ya, Madre mia, como Vos. Recibid este deseo que me inspira vuestro egemplo, como un tierno capullo que se forma en mi corazon. Regadlo con una gota de vuestra leche, fomentadlo con el fuego de vuestra caridad, y haced que cuanto antes se abra cual rosa fragante de amor divino, que embalsame todos mis pensamientos, mis palabras y mis acciones, y presentadla entonces á Jesus vuestro Hijo y nuestro Dios, á quien amo y deseo amar como Vos con todo mi corazon, con toda mi alma, y con todas mis fuerzas, hasta morir abrasado en su amor.

DIA 4.

HUMILDAD.

Tened siempre de vosotros mismos los mas bajos sentimientos, á egemplo de la humilde María.

1.° El fundamento de todas las virtudes es la humildad, no porque sea la primera en órden y en dignidad, sino porque es el sostén y el apoyo de las demás. Ella nace del conocimiento que el hombre tiene de Dios y de sí mismo, y hace que conociendo que de sí es nada, y que todo lo bueno lo recibe de Dios, lo atribuya á Dios todo, y nada á sí mismo; á no ser sus pecados, su miseria y su nada. He aquí por qué la humildad es el fundamento de la santidad, porque cuanto mas humilde conocimiento tiene el hombre de sí mismo, mas glorifica á Dios y le sirve por los beneficios que ha recibido, y mas le ama por los dones que reconoce haberle hecho el Criador. ¡Alma mia! ¿quieres ser santa? Sé humilde. ¿Quieres ser mas santa? Sé mas humilde. ¿Quieres ser humilde? Acude á María, y estudia é imita sus egemplos.

2.º Maria es despues de Jesus la mas humilde de las criaturas, y su humildad fue el orígen de su grandeza, como dice

ella misma en su hermoso cántico (1).
Llena de gracia desde el primer instante
de su vida, y santísima en toda ella, se
humilla hasta el polvo y se llama esclava
del Señor, cuando se le dice que va á ser
su Madre. Elevada á este sublime carácter, y enriquecida con los dones mas preciosos de la gracia, no por ello pierde el
bajo concepto que tenia de sí misma. Los
ojos de su alma se fijaban siempre en la
nada de que la habia Dios sacado, y en la
pobreza y desnudéz de espíritu en que
hubiera estado siempre si Dios no la hubiese escogido por puro amor entre todas
las criaturas, y por ello todo lo atribuía á
Dios, y á Él engrandecia sin cesar. ¡Alma
mia! He aquí el primer egemplo de humildad que te da María: Eres nada: de tí
misma nada tienes y nada puedes. Júz-
gate, pues, como nada á los ojos de Dios, y
atribúyele toda la gloria de los bienes in-

(1) Luc. I. 48.

teriores y esteriores con que te enriquece.

3.º María que se creía la menor entre todas las criaturas, obraba siempre conforme á esta idea. Ella ocultaba en su corazon los dones del cielo, sin descubrirlos jamás por sí misma, como hizo con San José respecto á su maternidad divina. Ella servia á los demás como una muger inferior á todos, como hizo con Santa Isabel y con los Apóstoles. Cuando era alabada, se humillaba refiriendo á Dios toda la gloria, y huia de los lugares donde podia serlo, mostrándose solo en los que le podian ocasionar desprecios é insultos como en el Calvario. He aquí, alma mia, el segundo egemplo de humildad que te da María: la humildad esterior. Uno y otro fueron admirables y superiores á los de todas las criaturas, hasta merecer las miradas y el amor de todo un Dios, que solo da su gracia á los humildes (1). Si no la imitas,

(1) I. Pet. V. 5.

ni podrás llamarte hija de María, ni debes esperar las bendiciones de su divino Hijo.

AFECTO.

—

¡Oh María! modelo perfectísimo de humildad interior y esterior. Yo me confundo, Señora, al presentarme á Vos, viendo mi soberbia y mi amor propio. ¡Vos tan rica en gracia, y tan humilde; y yo tan lleno de pecados, y tan soberbio! ¡Oh Señora! ayudadme á desnudarme de esta soberbia; enseñadme á conocer mi nada, á conocer mis pecados y mis ingratitudes, y enseñadme, en fin, á ser humilde de corazon. Soberbio é hijo vuestro no puedo ser. Pues bien, yo prefiero lo segundo: Ayudadme pues Vos, que sois mi Madre, poned siempre ante mis ojos vuestros egemplos y los de vuestro Jesus, y alcanzadme la gracia de una humildad profunda, para que todos mis pensamientos, palabras y obras lleven el sello de esta virtud tan preciosa á vuestros ojos y á los de Jesús.

DIA 5.

PUREZA DE CORAZON.

Pedid todos los dias con gran fervor á la Purísima é Inmaculada Madre de Dios que os alcance una grande pureza de corazon.

1.º María es el modelo mas perfecto de pureza. Inmaculada en su Concepcion por un privilegio solo á ella concedido entre todas las criaturas, no consideró esta gracia sino como un principio de pureza que debia conservar y cultivar con todo esmero, para ser digna de las miradas del Altísimo, que tanto la habia honrado. Por ello le consagró su virginidad con voto solemne, siendo la primera que hizo al Señor esta ofrenda, preciosa siempre á los divinos ojos, renunciando con ello á la esperanza de ver nacido de su familia al Mesías. Su amor á esta virtud fue tal, que prefirió el título de Vírgen al sublime dictado de Madre de Dios, y solo admitió esta dignidad, cuando Dios en premio de su pureza le aseguró que seria Vírgen y Madre á un tiempo. ¡Oh qué egemplo tan heróico de amor á la pureza! Alma mia; mírate en este espejo sin mancha, y aprende á preferir la pureza del corazon á todos los honores de la tierra.

2.º María, al tiempo mismo que miraba la pureza como una virtud angélica, y que mas nos hace semejantes á Dios, que es la pureza misma, conocia cuan fácilmente se pierde esta virtud preciosa. De aquí su cuidado esquisito en conservarla siempre sin mancha en su corazon y en su cuerpo. Se consagra á Dios para defenderse de los atractivos del mundo ; busca el retiro y la oracion, para afianzarse mas en ella, defendiéndola de los ataques del demonio, enemigo capital de esta virtud, que haciéndonos ángeles en carne, nos conduce á ocupar las sillas que los ángeles rebeldes perdieron ; y finalmente, mortifica sus sentidos y pone un freno á la carne para librarse de sus estímulos. ¡Alma mia! He aquí como te enseña María á conservar la pureza del corazon y del cuerpo.

3.º El amor que María tuvo á la pureza, y el cuidado que puso en conservarla, nos demuestra el amor que tiene á las almas puras. Las mira como sus hijas predilectas, y tiene en ellas todas sus complacencias, lo mismo que su divino Hijo, porque son su imágen, y el templo vivo del Espíritu Santo, que habita en sus corazones. ¡Alma mia! ¿quieres ser hija de María y merecer su amor y el de toda la Trinidad Santísima? Imita su pureza en tus pensamientos, en tus palabras, en tus acciones. No todos pueden ser vírgenes en el cuerpo, pero todos pueden serlo en el corazon, y en el corazon y en el cuerpo ser puros. Ea pues, aprende de María á amar esta virtud, á defenderla y á conservarla, mirándola como tu principal adorno. Si María, asegurada con tantas bendiciones del cielo, trabajó no obstante tanto, temerosa de empañar su brillo, ¿tú que eres tan débil, qué vigilancia no deberás tener en todos los momentos de tu vida sobre tu corazon y tu cuerpo?

AFECTO.

¡Oh María! Vírgen de las Vírgenes, Esposa del Espíritu Santo, dignaos ser mi maestra y mi defensora. ¡Oh Señora! ¡Cuántas veces me he hecho indigno del título de hijo vuestro con mis culpas! ¡Oh cuántas veces he pecado contra la virtud hermosa de la pureza! Perdon, Madre mia;

perdon á este infeliz. Yo detesto mis pasadas culpas, y quiero en adelante ser puro en mi corazon y en mi cuerpo. Vos sabeis cuantos enemigos tiene esta virtud; defendedme de todos ellos; inspiradme un amor ardiente á la pureza; haced que sean puros mis pensamientos, mis palabras y mis acciones, y venid en mi socorro cuando me tiente el enemigo, porque desde ahora propongo acudir á Vos y pronunciar vuestro dulce nombre como mi mejor defensa. ¡Oh María! vuestro soy, defendedme y salvadme.

DIA 6.

CARIDAD.

—

*Honrad é imitad la tierna caridad del
Santísimo Corazon de María.*

1.º   María, abrasada en amor de Dios,
no podia menos de amar tambien á los
hombres con caridad intensísima, propor-
cionada á la que en su corazon se alimen-
taba hácia Dios, porque estos dos amores
se unen de tal manera, que no puede existir el uno sin el otro. El que dice que ama
á Dios, y no ama á su hermano y le so-
corre en sus necesidades, no habla verdad, dice S. Juan, y no permanece en él
la caridad de Dios (1). ¡Alma mia! He aquí

(1)   Joan. IV. 20.

18

en estas palabras del discípulo amado, y en el egemplo de María, una regla cierta para conocer si amas á Dios. Si no amas á tus prógimos; si hay uno solo á quien aborreces y desprecias, teme que el amor que te glorías tener á Dios sea solo una ilusion y una apariencia sin realidad.

2.º María amó á sus prógimos con una caridad verdadera y desinteresada. Miraba á los hombres como criaturas de Dios, hechas á imágen y semejanza suya; veía en ellos la obra predilecta del Altísimo, en que mas resplandece su gloria, y que forma el objeto especial de su providencia; y bajo este respecto los amaba con amor perfecto para gloria de Dios. Su caridad tenia por modelo la caridad misma de Dios, los amaba á todos como Dios, los amaba principalmente en sus almas, deseándoles como Dios que fuesen eternamente felices, y estendia tambien su amor á sus cuerpos y á sus bienes como medios de lograr aquella felicidad. En una palabra, los amaba como criaturas de Dios, para gloria de Dios, y para la salvacion de sus almas. ¡Alma mia! aprende á imitar el modelo que te ofrece María, y con ello imitarás tambien la caridad que nos tiene el mismo Dios.

3.º María no solo amó á los hombres con afecto interior ó de palabra, sino que hizo ostensible su caridad con sus obras. Nunca hizo ni deseó mal á nadie; á todos bendecia, por todos oraba, á todos procuraba servir, socorria en cuanto lo permitia su pobreza á los necesitados, consolaba á los afligidos, y se complacia en hacerles todo el bien que podia, llegando hasta pedir á su Hijo hiciese un milagro en las bodas de Caná (1): en una palabra, practicaba todas las obras de misericordia, y finalmente consintió en ser nuestra Madre al pie de la cruz, á pesar de ser nosotros la causa de la muerte de su Hijo

(1) Joan. II. 3.

Santísimo, pidiendo en union con éste al Eterno Padre que nos perdonase. ¡Alma mia! corre á María, y pues es nuestra Madre, pídele te enseñe y te ayude á practicar esta virtud tan preciosa á los ojos de Dios, y necesaria al hombre.

AFECTO.

—

¡Oh María! el amor que nos teneis os hizo tomar el título y oficio de Madre nuestra. ¿Puede una madre dejar de querer el bien de sus hijos? Vos que tanto amásteis siempre á los hombres, y deseásteis su felicidad, ¿nos mirareis ahora con indiferencia? Vuestra caridad y vuestra maternidad no lo permiten. Enseñadnos pues á vivir de modo que logremos nuestra eterna felicidad, y para ello arraigad mas y mas en nuestro corazon una caridad sincera, universal y eficaz como la vuestra, que naciendo de Dios nos conduzca á Dios, para quien todos hemos sido criados, formando todos un solo corazon en el de Jesus y en el vuestro.

DIA 7.

DEVOCION SINCERA.

—

Pedid todos los dias á María que os haga participantes de los tiernos sentimientos de piedad que animaron siempre á su santísimo corazon.

1.º Del amor á Dios nace como fruto precioso la piedad y devocion con que el alma busca siempre la gloria del Señor, y se entrega enteramente á él por medio de egercicios santos que acreditan su amor; le mantienen y fomentan en el corazon, y le fortalecen y perpetúan por toda la vida y por toda la eternidad. El que ama á

Dios le consagra su cuerpo, su alma y todas sus cosas, no buscando sino á Dios, ni viviendo sino para Dios, y solo con relacion á este mismo único y último fin, desea y procura su santificacion en la práctica de las virtudes. Este es, alma mia, el obgeto de tu vida y de todo cuanto eres y tienes; y esto es lo que debes pedir á María y aprender de ella.

2.° María, ilustrada por la divina gracia desde su primer instante, ofreció á Dios el sacrificio perfecto y absoluto de todo su sér, no considerándose ya sino como una esclava que solo debia ocuparse en el servicio del Señor. Presentada en el templo á la edad de tres años, su vida en él fue un perpétuo egercicio de devocion. La lectura de libros santos, la contemplacion de las divinas perfecciones, la atencion á los impulsos é inspiraciones divinas, alternaban con las labores y oficios mecánicos del servicio del templo, y formaban una cadena de actos de virtud, que ofrecia al Señor como testimonios de su perfecta consagracion. Tambien tú, alma mia, has nacido y vives solo para Dios. ¿Obras como María? ¿Estás animada siempre de estos sentimientos de piedad?

3.º La piedad de María y su devocion, no se mostró tan solo mientras vivió en el templo, sino en toda su vida. Hecha Madre de Dios, é iluminada despues copiosamente con los dones del Espíritu Santo, se aprovechó de esto como de un nuevo medio de buscar á Dios y vivir unida con él. Esta union y consagracion no consistia solo en su oracion continua y en la contemplacion suavísima de los divinos atributos, sino en la práctica perfecta de todas las virtudes, y en la recta aplicacion de todas sus acciones y palabras á la gloria de Dios. Todas nacian de su amor á Dios, todas las hacia segun la voluntad de Dios, en la presencia de Dios, pidiendo á Dios su gracia, y dirigiéndolas á su gloria. Así es como santificó todas sus acciones. ¡Alma mia! aprende de María: la verdadera devocion no consiste en multiplicar prácticas esteriores y en gustar las dulzuras de la oracion, sino en hacerlo todo como la Santísima Vírgen por amor á Dios, y para gloria de Dios.

AFECTO.

—

¡Oh María! vuestra piedad hizo que todas vuestras acciones fuesen como una nubecita de humo formado de oloroso polvo de virtudes que se elevaba en la presencia del Señor como sacrificio perfecto (1). Haced, Señora, que mi alma conozca, desee y practique la devocion sincera que Dios me pide, y en Vos admiramos. Enseñadme á principiarla con una perfecta y absoluta entrega y consagracion de mí mismo á la gloria, voluntad y amor de Dios; enseñadme á continuarla con la prác-

(1) Cant. Cantic. III. 6.

tica de la oracion, lectura y egercicios santos, y á consumarla con la aplicacion continua de mis sentidos y potencias á la gloria de Dios, buscándole en todos mis pensamientos, mis palabras y mis acciones. ¡Oh María! comunicad á mi corazon los sentimientos del vuestro, y ayudadme á imitaros en todo cuanto hicisteis para que sea mi vida perfecta y merezca la eterna recompensa.

DIA 8.

CELO DE LA PERFECCION.

—

Admirad á la Vírgen Santísima traba-
jando sin descanso en la perfeccion, y es-
forzaos en imitar su egemplo.

1.º No basta solo consagrarse á Dios
desde el principio de la vida ó de la conversion, es preciso trabajar siempre en
crecer mas y mas de cada dia hasta llegar
á la perfeccion. El que en el camino de la
virtud no anda hácia adelante, vuelve
atrás, dice S. Agustin; en él no es posible estar parado. La detencion produce
la tibieza, estado tan desagradable á Dios,
que amenaza arrojar de sí al que se halla,

y no se esfuerza en salir de él (1). Teme este estado infeliz, alma mia, que solo te separará un paso del pecado, y acuérdate siempre de aquella sentencia del Espíritu Santo: El que no hace caso de las cosas pequeñas y se descuida en ellas, poco á poco caerá (2).

2.º Si te resuelves á trabajar sin descanso en tu perfeccion, toma por modelo á María, y ella te enseñará en primer lugar que la perfeccion no consiste en querer abrazarlo todo á un tiempo, y en buscar acciones estraordinarias, sino en perfeccionar las ordinarias, y en el egercicio de las virtudes por ínfimas que parezcan. Nunca ambicionó luces superiores, revelaciones, ni por sí misma se atreviera jamás á desear el título de Madre de Dios. Perfeccionarse en la oracion, en la humildad, en la pureza, en la obediencia á su esposo, y procurar siempre que sus ac-

(1) Apoc. III. 16. (2) Eccl. XIX. 1.

ciones se dirigiesen á Dios con una intencion mas pura y recta; he aquí el modo
como trabajó María en su perfeccion.
¿Cuán distinto es tu modo de obrar, alma
mia? Crees que la perfeccion consiste en
las visiones y gracias estraordinarias, y
descuidas practicar las virtudes, y pasas el
tiempo en vanos deseos y propósitos para
otros dias, para cuando estés en otro estado, queriendo que Dios lo haga todo.
¡Oh qué ilusion tan lamentable!

3.º María no dejó pasar dia alguno sin
trabajar en su perfeccion. Ella sabia que la
perfeccion no tiene término ni medida,
porque llega hasta el mismo Dios, que es
infinito, y que es la misma perfeccion. Ella
sabia que aunque la criatura no puede llegar á esta infinidad de perfeccion, sin embargo no debe detenerse en un grado de
ella, como en el último á que esté obligada, sino avanzar y subir mas hasta donde la gracia la conduzca. Por esto, aunque
en su primer momento era ya perfectísi-

ma, se afanó por crecer mas y mas en la perfeccion de cada virtud para merecer las miradas y el amor de Dios, que es la perfeccion infinita, y hacer de su corazon el templo de la Santísima Trinidad. ¡Alma mia! he aquí el modelo que Dios te propone. No temas trabajar en su imitacion. Con la gracia de Dios todo lo puedes (1); pídela á Jesus por María y te será concedida; y si eres fiel no te faltará jamás hasta hacerte llegar á la union con Dios.

AFECTO.

—

¡Oh María! perfectísima en toda virtud y celosa siempre de mas perfeccion. Comunicadme vuestro celo para que de grado en grado vaya llegando al estado en que el Señor me quiera poner. Señora, si amo á Dios, buscaré la perfeccion, y si amo la perfeccion, nunca me creeré bas-

(1) Philip. IV. 13.

tante adelantado en ella para agradar á un Dios infinitamente perfecto y que descubre mauchas en sus mismos ángeles (1). Ea pues, Madre mia, alcanzadme estos amores, y ayudadme á vencer mis pasiones, á evitar todo pecado y toda falta por leve que sea, á practicar las virtudes y á practicarlas con mas pureza de intencion y de un modo mas perfecto cada dia. ¡Oh María! á Vos me entrego, sed mi modelo, mi maestra, mi Madre y mi protectora, y nada temeré.

(1) Job. IV. 18.

DIA 9.

AMOR DE LA ORACION.

—

Unid todas vuestras oraciones á las de la Vírgen Santísima, y pedidle á menudo que os enseñe á orar.

1.º   La oracion es el alimento del alma que ama á Dios, porque en ella descubre sus perfecciones y los beneficios que le ha hecho, con cuya memoria se recrea, y alimenta la llama de la caridad; es la escuela de las virtudes, porque en ella aprende el hombre á conocer á Dios y conocerse á sí mismo; en ella se le hacen patentes sus defectos y los medios de corregirlos y caminar á la perfeccion; es el canal de las divinas misericordias y la fortaleza donde el cristiano se arma contra los ataques del infierno; es finalmente la escala que comunica la tierra con el cielo, á los hombres con los ángeles, á las criaturas con el Criador. ¡Alma mia! ¿has formado hasta ahora tal concepto de la oracion? ¿Te has ocupado asíduamente en ella, y buscado los medios de hacerla con perfeccion?

2.° María, unida siempre á Dios, buscó constantemente la oracion, como el medio de comunicar y hablar mejor con el, para conocer su voluntad y cumplirla; para conocerle mas y amarle; para recordar sus beneficios y darle gracias, y para pedirle mas y mas bendiciones y mercedes con que su alma creciese sin cesar en la perfeccion. He aquí, alma mia, el obgeto de la oracion de María, y el que tú debes tener presente en las tuyas. María no pedia bienes temporales, no pedia consuelos y favores de que no se creía digna, ni podian conducirla á la union perfecta con

Dios. Conocerle, amarle y servirle, este fue todo su anhelo, y lo que procuraba por medio de la oracion.

3.º La oracion de María era contínua, porque no hacia cosa en cuyo principio no pidiese á Dios su bendicion, y en cuyo fin no se la ofreciese, ni pasaba momento en que no levantase su corazon al Señor en medio de sus trabajos y ocupaciones ordinarias. Pero ademas de esto destinaba muchas horas del dia y de la noche al trato con su Dios, retirándose á lo mas secreto de su habitacion, segun el consejo de Jesucristo (1), apartando su imaginacion de todo lo criado, y postrándose humildemente en tierra para adorar á su Criador y hablar con él. Allí es donde María se abrasaba en el amor divino, allí es donde crecia su humildad, se afirmaba su pureza, sacrificaba á Dios cuanto tenia, y se animaba á padecer por su gloria y por

(1) Math. VI. 6.

la salvacion del mundo. Aprende, alma mia, y acostúmbrate á tratar á solas con tu Dios en la oracion. Si no sabes recogerte, y el enemigo te turba con distracciones, póstrate á los pies de María, y ella te enseñará y te defenderá.

AFECTO.

—

¡Oh María! maestra admirable de la oracion, permitid que os diga como los Apóstoles á vuestro divino Hijo. Señora, enseñadme á orar (1). Pero ante todo comunicadme el amor ardiente que Vos teniais á la oracion. Hasta ahora he mirado con descuido este egercicio tan necesario para mi salvacion; y cuando me he ocupado en él, las distracciones con que el enemigo me ha entretenido, lo han hecho infructuoso para mi alma. ¡Ah, cuántos pecados, cuántas faltas é imperfecciones

—

(1) Luc. XI. 1.

hubiera evitado si me hubiese dedicado á la oracion! Madre mia, en adelante lo haré todos los dias, y espero con vuestro ausilio que en la oracion aprenderé á amar á Dios, aprenderé á servirle, y á ser suyo en el tiempo y en la eternidad.

DÍA 10.

PRESENCIA DE DIOS.

Levantad á menudo vuestro corazon á Dios al egemplo de la Vírgen Santísima, ocupada siempre en su divina presencia.

1.° Dios está en todas partes: todo lo llena con su presencia; todo lo vivifica con su esencia, y todo lo sostiene con su potencia. Nosotros estamos en él como un pájaro en el aire, como un pez en el agua, y fuera de él ni hay nada, ni puede haber, porque es infinito: en una palabra, dice S. Pablo, en él vivimos, nos movemos y somos (1). Esta verdad de fe, bien arraigada en nuestro corazon, nos conduce á la práctica de un egercicio eficacísimo para llevarnos á la perfeccion, librándonos del pecado, y santificando todas nuestras acciones. Este egercicio es el de la presencia de Dios. Dios me ve, Dios es testigo de todas mis acciones. He aquí lo que á los pecadores les aparta de la culpa, lo que á los tibios les hace fervorosos, lo que á las almas amantes las inflama y las abrasa en llamas de caridad con la presencia continua de su Amado. ¡Alma mia! en cuál de estos tres estados te encuentras? En cualquiera que sea, procura no despreciar este medio de salud, imitando á María.

(1)   Act. Ap. XVII. 28.

2.º Desde el momento que María conoció á Dios, y le hizo dueño absoluto de su corazon, fijó en él los ojos de su alma, y con una atencion contínua á su presencia se ocupó en servirle y amarle. Esta atencion le hacia amables los trabajos y la pobreza; le hacia descansar en los brazos de su providencia, le animaba á multiplicar los actos de su amor y de todas las virtudes, levantando á él su corazon y su espíritu en todos los momentos de su existencia, no teniendo otro consuelo que el de sentarse como la Esposa de los Cantares á la sombra del amado y deseado de su alma (1). ¡Ah! ¿por qué no imitas, alma mia, á tu dulce Madre descansando siempre en la presencia de Dios?

3.º María, viviendo siempre atenta á la presencia de Dios, no dejó por ello de ocuparse en el cumplimiento de sus obligaciones. Ella sabia que esta presencia,

_____

(1) Cant. Cantic. II. 3.

lejos de ser un obstáculo para tratar con los demás y trabajar segun su estado, es el medio mas fácil de hacerlo con perfeccion y utilidad, y de lograr que todas las acciones se dirijan á la gloria de Dios. Persuádete de ello, alma mia, para tu bien. Si trabajas, levanta tu corazon á Dios que te mira, y ofrécele tu trabajo, pidiéndole su bendicion. Si hablas con tus hermanos, atiende á que Dios te oye mejor que ellos. Si padeces y sufres, fija los ojos de tu alma en Dios que te mira y te prepara la corona. Así lo hacia María, y por ello su vida fue perfectísima, y un puro y contínuo acto de amor á Dios. Hazlo tú tambien, y crecerás en el amor divino hasta morir de amor.

AFECTO.

¡Oh María! flor hermosa que siempre buscaste al Sol divino, siguiéndole vuestra alma con graciosos giros; ayudadme á imitaros y á hacerlo todo y sufrirlo todo en la presencia de Dios, y atendiendo con humildad y amor á que Dios me mira, y es testigo de todas mis acciones. Enseñadme á hacer de todas ellas un holocausto contínuo á la divina Magestad, como Vos lo hicisteis. ¡Oh Madre mia! este egercicio puede conducirme á la perfeccion; Vos, pues, que tanto os interesais por mi felicidad, comunicadme aquella atencion con que Vos permaneciais siempre en la divina presencia, para que haciéndolo yo tambien, pueda decir como David: Veía siempre al Señor ante mis ojos porque está á mi diestra, para que nunca sea conmovido (1), y de este modo viva y muera unido con él para no perderle de vista en toda la eternidad.

_____

(1) Ps. XV. 8.

DIA 11.

TEMOR DE DIOS.

—

Pedid á María que imprima en vuestro corazon el temor de Dios, á fin de que jamás le ofendais.

1.º El temor de Dios es el principio de la sabiduría ó de la perfeccion, y la corona de la justicia (1): es un escudo impenetrable con que el alma resiste los golpes de la concupiscencia, y se libra del pecado á que ésta le induce, para no ofender á Dios. Pero este temor para ser santo, no debe ser servil, mirando á Dios como un tirano, pronto á descargar el golpe de su ira sobre el que le ofende, sino

(1) Eccl. I. 11. 16.

un temor filial, esto es, el que tiene un hijo amante de su padre, que teme ofenderle y prefiere la muerte misma á hacerle la menor ofensa, porque teme con ello perder su amor, que es todo su consuelo. ¡ Alma mia ! ¿Tienes tú este temor santo nacido del amor á Dios ? ¡ Ah, si lo tuvieras no ofenderias tanto á tu Señor y tu Padre! Acércate pues á María, y pídele con confianza este temor.

2.º María es la Madre del temor santo, así como lo es del amor hermoso (1), porque son inseparables; y así como ella fue la primera de las criaturas en amar á Dios, así tambien estuvo poseida de un temor filial, humilde y amante, que rodeaba su alma como armadura impenetrable. Ella estaba segura de no ofender á Dios, porque su voluntad estaba unida á la del Señor de un modo inefable y altísimo ; pero á pesar de ello, su corazon co-

_____

(1) Eccl. XXIV. 24.

mo lleno de los dones del Espíritu Santo,
poseía tambien en un grado eminente el
don santo y perfecto del temor de Dios.
¡Alma mia! tú estás espuesta cada momento á ofender á Dios y perder su
amistad. ¿Podrás pues no desear y buscar
este temor santo, filial y saludable? María
madre del amor hermoso y del temor, es
tu Madre : pídeselo pues con confianza, y
te lo concederá.

3.º El temor de Dios que tenia la Santísima Vírgen es el modelo del que debe
dominar en nuestros corazones. Si quieres pues, alma mia, ajustarte á este modelo perfectísimo, haz que tu temor nazca
de dos principios, el conocimiento de la
bondad y justicia de Dios, y el de su grandeza. El primero te librará del pecado que
es la ofensa é injuria mayor que se hace á
esta bondad, y lo que mas debe temer un
hijo, porque le atrae el odio de Dios, y le
hace obgeto de su ira, sujetándole á su
justicia. El segundo te mantendrá en la

humildad con la consideracion de la infinita grandeza y gloria de Dios. Tal fue el temor de Jacob, cuando conociendo la presencia de Dios en el lugar donde estaba, esclamó: terrible es este lugar, porque no es otro que la casa de Dios (1). Este temor respetuoso permanece siempre en el alma, y la hace humilde y vigilante sobre sí misma, para no ofender á su Dios. He aquí el temor que María enseña con su egemplo, y comunica á los que se lo piden. Hazlo tú, y te hará perfecta en la virtud.

AFECTO.

¡Oh María, madre del temor santo y perfecto! Vos que lo poseisteis en el grado mas sublime que puede imaginarse, como esposa del Espíritu Santo que os lo comunicó plenamente, comunicadlo á mi

(1) Gen. XXVIII. 17.

pobre corazon , y pedid á vuestro divino Esposo lo infunda sin cesar en mi alma, para que sea mi escudo , mi fortaleza , el principio de mi perfeccion , el fundamento de mi humildad , el sosten de mi alma, y mi corona de justicia en el último dia. ¡Madre mia! Vos no quereis que ofenda á Dios ; enseñadme pues á temerle, y haced que mi temor sea humilde , filial y amante como el vuestro , para que como Vos posea á Dios eternamente.

DIA 12.

SUMISION A LA VOLUNTAD DE DIOS.

Tomad por modelo el corazon de María perfectamente sumiso en todas las cosas á la voluntad de Dios.

1.º Toda la perfeccion consiste en

amar á Dios, y el amar á Dios en hacer
su voluntad, dice S. Ligorio fundado en
las palabras de la Sagrada Escritura (1);
por consiguiente, la perfeccion está basada
en la perfecta sumision y conformidad con
la voluntad de Dios; porque el primer y
el principal efecto del amor verdadero,
es la union de voluntades, haciendo de
ambas una sola. El que ama pues á Dios
con sinceridad y con caridad perfecta, así
como todo lo hace para gloria de Dios,
así tambien en todo se gobierna segun la
voluntad de Dios. Así lo hizo Jesucristo
que decia no tener otra voluntad que la
de su Padre (2), y así nos lo enseñó repetidas veces. Si me amais, guardad mis pre-
ceptos (3). ¡Alma mia! si amas á Dios, si
deseas llegar á la perfeccion, ¿podrás menos de sujetar en todo tu voluntad á la
suya?

(1) S. Lig. Conf. con la vol. de Dios c.
1· (2) Joann. VI. 38. (3) Jonan. XIV. 15.

2.º   María, que amaba á Dios con amor perfectísimo, tenia su corazon y su voluntad sumisa en todo á la de Dios, practicando con sublime perfeccion los consejos y leccion de Jesucristo. Por árduo, difícil y trabajoso que fuese, todo lo aceptaba con alegría, mirando en todo la voluntad de su amado. La hizo nacer en la pobreza, se vió precisada á trabajar para su subsistencia, el edicto de Augusto la hizo emprender un penoso viage, la persecucion de Heródes la obligó á huir, Dios le exigió el sacrificio de su Hijo, y en nada vaciló. La voluntad de Dios fue su norma y su ley, y todo se le hacia fácil para cumplirla. ¡Alma mia! ¡cuán distinto es tu proceder, y cuánto repugnas sujetarte á las disposiciones del Altísimo!

3.º   María, persuadida de que todo depende de la voluntad de Dios, y que el Señor todo lo dispone segun los impenetrables juicios de su providencia, recibia con admirable conformidad todos los sucesos prósperos y adversos de la vida, como dirigidos á la mayor gloria de Dios y á su perfeccion. Por ello repetia sin cesar aquellas palabras tan humildes: he aquí la esclava del Señor, hágase en mí segun tu palabra (1); y siguiendo el consejo de Jesucristo se complacia en levantar su corazon al Padre Eterno, y decirle: Hágase, Señor, tu voluntad asi en la tierra como en el cielo (2). ¡Alma mia! imita á María, Dios lo quiere, yo tambien. Sean estas siempre tus palabras, y darás á Dios el culto interior y perfecto que te pide, sacrificándole tu corazon.

AFECTO.

—

¡Oh María! ¡qué egemplos tan sublimes de sumision á la voluntad de Dios me ofrece vuestra vida! Yo quiero imitarlos para dar al Señor una prueba cierta de que

(1) Luc. I. 38.   (2) Math. VI. 10.

le amo con todo mi corazon. Comunicadme pues estos sentimientos que admiro en
Vos, y haced que en todas las cosas vea
la voluntad de Dios, y reciba las prósperas
con humildad y las adversas con alegría,
dispuesto siempre á hacerlo todo, y á per-
derlo todo segun disponga la divina Providencia. Madre mia, para que así sea, poned siempre en mis labios y en mi corazon
aquellas palabras tan sublimes; hágase,
Señor, en mí segun vuestra palabra y segun vuestra santísima voluntad.

DIA 13.

ABNEGACION DE SI MISMO.

Al egemplo y por el amor de María apli-caos á venceros á vosotros mismos, y á renunciar á vuestros gustos é inclinaciones viciosas.

1.º La perfeccion de la sumision y conformidad con la voluntad de Dios consiste en la abnegacion interior de nosotros mismos, sin la cual no podemos ser verdaderos discípulos de Jesucristo. El que quiera venir en pos de mí, dice, niéguese á si mismo, tome su cruz todos los dias, y sígame (1). Esta abnegacion nos conduce á

(1) Luc. IX. 23.

20

vencer nuestras inclinaciones, á renunciar nuestra voluntad, y á no querer sino lo que Dios quiere, á no hacer sino lo que Dios manda, y á no desear sino lo que Dios desea en nosotros y fuera de nosotros. El que está sumiso á la voluntad de Dios le obedece, y se conforma con él, recibiendo con gusto lo que le viene por voluntad divina; el que se niega á sí mismo pasa mas adelante, y renuncia interior y esteriormente á todo lo que puede separarle de la voluntad de Dios; de modo que puede decir con S. Pablo: no vivo yo, sino Cristo vive en mí (1). He aquí, alma mia, á donde debes llegar, si quieres pertenecer de veras á Jesus.

2.º María nos ofrece en su corazon un egemplo perfecto de esta abnegacion. Persuadida de que no habia nacido para sí sino para Dios, le ofreció desde luego el sacrificio de todo su sér, y levantando su

(1) Gal. II. 20.

corazon, le decia como su Hijo Santísimo: he aquí, Señor, que he venido para hacer tu voluntad (1): no he nacido para hacer mi voluntad, sino la tuya (2). Preparado está mi corazon (3), inclinadle, Dios mio, hácia vuestros mandamientos (4). Con estos sentimientos su corazon vivia como muerto á sí mismo, sin alimentar en su seno deseo ni afecto alguno que no estuviese modelado, segun la divina voluntad. ¿Obras tú así, alma mia? ¿Cierras tu corazon como la Santísima Vírgen á todo amor propio, á todo deseo desordenado, viviendo una vida muerta y escondida con Cristo en Dios (5)?

3.º María, no solo se negó á sí misma interiormente, sino tambien en lo esterior. No solo negó á su corazon toda libertad para amarse á sí mismo, y desear cosa al-

(1) Heb. X. 7. (2) Joann. VI. 38.
(3) Ps. CVII. 1. (4) Ps. CXVIII. 36.
(5) Coloss. III. 3.

guna contraria á la voluntad de Dios, sino que tambien reprimió las inclinaciones esteriores. Es verdad que su carne sujeta enteramente al espíritu, no se rebelaba contra él, ni se dejaba éste arrastrar de los apetitos y pasiones; pero á pesar de ello velaba continuamente sobre sí; y con una abnegacion perfecta, no solo se negaba lo ilícito, sino tambien lo lícito, no haciendo jamás cosa alguna por mínima que fuese, con el objeto de satisfacerse y complacerse á sí misma. ¿Por qué no imitas á tu Madre, alma mia? Las pasiones te combaten, los apetitos te solicitan, el amor propio te domina, y tú, lejos de negarte á ellos y a tí misma, los alimentas sin cesar. ¿Cómo, pues, te atreves á llamarte hija de María, y decir que perteneces á Jesus?

AFECTO.

¡Oh María! dulce Madre mia, Reina

vestida del dorado vestido de la caridad, y rodeada de la variedad de las virtudes (1); enseñadme á vencerme y negarme á mi mismo, á combatir y vencer mis pasiones, á negar á mi cuerpo lo que piden mis apetitos, á cerrar la entrada de mi corazon al amor propio, y á renunciar enteramente á mi voluntad como Vos. No podré ser hijo de Dios, si no me dejo llevar del Espíritu de Dios (2); no podré ser discípulo de Jesus, si no me niego á mí mismo (3). Hoy pues principio, Madre mia, á hacerlo; ayudadme, sostenedme y alcanzadme la gracia que necesito para comenzar y perseverar en esta negacion hasta la muerte.

(1) Ps. XLIV. 11. (2) Rom. VIII. 14.
(3) Luc. IX. 23 XIV. 33.

DIA 14.

DESPRENDIMIENTO DE LAS CRIATURAS.

—

Al egemplo de María desprended vuestro corazon de las cosas terrenas y consagradlo á Dios.

1.º Todo en el mundo es vanidad y afliccion de espíritu, dice el Espíritu Santo (1). Todo es vanidad, porque no hay ni puede haber en él cosa estable y capaz de hacer por sí la felicidad del hombre; todo pasa como sombra, y se desvanece dejando un vacío inmenso en el corazon. Todo

(1) Eccl. I. 14.

es afliccion de espíritu, porque criado solo para Dios, que es el único bien y la verdadera felicidad del alma, nada puede satisfacerla, ni sosegar al corazon como el amor y la union con Dios. Por ello Jesus nos manda renunciar al amor de todo lo terreno, y fijarlo solo en Dios con una consagracion absoluta, porque el amor de las criaturas ademas de ser vano y aflictivo, nos tiene como atados con cadenas que nos impiden volar á la union con el Señor. ¡Alma mia! Escucha á Jesus que te dice: Oye, hija, é inclina tu oido, y olvida á tu pueblo y la casa de tu padre, y amará el Rey tu hermosura (1). Si así lo haces, Jesus será tu esposo, y te hará feliz con la posesion de su amante corazon.

2.º María oyó la voz del Esposo, y prefiriendo el amor de Dios y su servicio á todo lo criado, renunció desde luego á todas las criaturas, les cerró su corazon,

_____

(1) Ps. XLIV. 12.

y desprendida de todo, voló á la perfeccion deseosa únicamente de estar unida á Dios. Ofreciale todos los dias y todos los momentos el sacrificio de su corazon, huyendo siempre del amor del mundo en que solo hay concupiscencia de los ojos, concupiscencia de la carne, y soberbia de la vida (1). Renunció las riquezas que le ofrecieron los magos, y mantenia siempre su espíritu y su corazon, libre de todo apego á cosa alguna espiritual ó corporal que no fuese de Dios, ó la dirigiese á él. He aquí el espejo en que debes mirarte, alma mia. Si no renuncias á las criaturas, no aspires jamás á la union con Dios.

3.º Este desprendimiento interior y esterior de María, la hacia usar de todas las cosas tan solo cuanto le eran necesarias á la vida, y conducentes á su fin primario y principal, y por ello ni la entristecia la privacion, ni la posesion turbaba

(1) I. Joann. I. 16.

su corazon; siendo el modelo práctico del consejo que nos da el Apóstol cuando dice: los que poseeis, vivid como si no poseyerais; los que gozais, como si no gozaseis; los que usais de las cosas, como si no usaseis; porque es pasagera la figura de este mundo (1). Alma mia, en el mundo estamos como desterrados, porque nuestra patria es el cielo, y nuestro fin último es Dios. Desprendámonos pues como María de la tierra, y amemos solo á Dios, porque si él es nuestro tesoro, en él solo tendremos fijo nuestro corazon (2).

AFECTO.

¡Oh María! cándida paloma que volasteis siempre al rededor del arca santa, por no manchar vuestros pies en las sucias aguas de la tierra; águila real, que desdeñando mirar con aficion á las criaturas, vi-

(1) I. Cor. VII. 30. 31. (2) Math. VI. 21.

visteis con los ojos y el corazon siempre fijo en el Sol divino; comunicadme ese desprendimiento total de las criaturas, ese sacrificio de todo lo criado que ofreciais á Dios continuamente en las aras de vuestro corazon, para que el mio desasido tambien de las criaturas, levante el vuelo y descanse solo en Dios, mirándole como su único tesoro, su única esperanza, su única y eterna felicidad.

DIA 15.

FIDELIDAD A LA GRACIA.

—

Pedid á la Santísima Vírgen que os alcance hacer un buen uso de todas las gracias que sin cesar recibís de la bondad de Dios.

1.° Es una verdad evidente que Dios comunica á los hombres su gracia segun los designios de su providencia sobre ellos, según la grandeza del fin á que los dispone, y según el estado en que los coloca. La fe nos enseña que estas gracias son puramente gratuitas, y de ningun modo puede el hombre merecerlas en su principio. Son pues unos dones que le concede la bondad de Dios, y por lo mismo exigen de él una gratitud sin límites, y una fiel correspondencia para cooperar á los designios de Dios, y aun en cierto modo merecer y ponerse en disposicion de recibir otras mayores gracias, sin las cuales no podrá perseverar y salvarse. Esta verdad, grabada profundamente en el corazon de la Santísima Vírgen, la hizo tan fiel en cooperar á las divinas disposiciones, mereciendo nuevas gracias y favores singulares para llegar á la sublime perfeccion á que el Señor la queria levantar. Alma mia, si no cooperas á la gracia, el Señor la retirará de tí, y entonces, ¿qué felicidad podrás esperar jamás?

2.° María, desde el momento de su Concepcion, recibió mas gracia que todas las criaturas juntas, y aunque no conoció entonces el grado de perfeccion y la sublime dignidad á que el Señor la destinaba, no dejó pasar un instante solo sin seguir el impulso de la gracia, entregándose en manos de Dios; y esta misma fiel y pronta cooperacion la continuó toda su vida; cuando se presentó en el templo, cuando fue hecha Madre de Dios, cuando oía á su divino Hijo, cuando recibió el Espíritu Santo, poniendo siempre por obra lo que de ella exigia el Señor. Tambien tú, alma mia, recibes gracias singulares de Dios; si con fidelidad y prontitud cooperas y sigues sus impulsos, te conducirán á la perfeccion, y te harán llegar al término á que el Señor te destina.

3.° La cooperacion de María á la gracia, no solo fue fiel y pronta, sino tambien humilde y agradecida. Confesábase indigna de ella, y cuando recibia sus impulsos se humillaba en la presencia del Señor, y en testimonio de su gratitud le ofrecia los efectos mismos de su gracia, porque sabia que el mejor modo de conservarla, y aun obtener su aumento, es la humildad, y que no podia agradecer mejor el beneficio que el Señor le hacia, que devolviéndole lo que habia recibido con sus frutos. Alma mia, si eres humilde como María, recibirás sin cesar la gracia que Dios da siempre á los humildes. Si agradecida le das gracias, y le consagras las obras que con ella haces, nunca te retirará sus dones, antes bien los aumentará con abundancia.

AFECTO.

¡Oh María, Madre de la divina gracia! ¡Cuántas veces mi alma ha malogrado por su infidelidad los dones del cielo! ¡Cuántas veces me he hecho indigno de las gracias de vuestro Hijo Santísimo por mi falta de cooporacion! Mi soberbia me ha engañado haciéndome gobernar por mí mismo, despreciando las inspiraciones de la gracia. Yo lloro ahora tantos años perdidos, tantas ocasiones malogradas, tantos impulsos hechos inútiles por mi infidelidad. Haced, Señora, que mis lágrimas no sean tambien inútiles ; haced que ellas sean el sello del firme propósito que hago á vuestros pies de no resistir jamás á las divinas inspiraciones, y seguir con humilde y fiel prontitud los llamamientos de la gracia de Dios. Vos que con tanta fidelidad cooperasteis á ella, sois mi esperanza; en Vos confio.

DIA 16.

FIDELIDAD A LOS DEBERES DE VUESTRO ESTADO.

Aplicaos por el amor de María á cumplir bien los deberes de vuestro estado, sobre todo aquello á que faltais con mas frecuencia.

1.º El estado en que nos ha puesto Dios es el camino que nos señala para llegar al cielo; caminos sembrados todos de cruces y trabajos, que debemos llevar sobre nosotros, y que nacen principalmente de las obligaciones propias de cada uno. Para ayudarnos á llevar estas cruces y cumplir estas obligaciones, nos ofrece y nos da el Señor sus gracias ordinarias y aun

estraordinarias, si se le piden con fe viva.
Faltar pues á los deberes del estado propio, es dejar el camino de nuestra salvacion, es despreciar la voluntad de Dios y
su gracia, que nos dirigia al término señalado por aquel; es en fin atraer sobre sí
la ira de Dios y sus castigos, porque como
dice el Profeta, el Señor juntará con los
pecadores á los que descuidan sus obligaciones (1). ¡Alma mia! no podrás agradar
á Dios si no cumples con los deberes de tu
estado, aun cuando te parezca que vives
en la virtud. Si te convences pues de esta
verdad, ¿cómo te descuidas tanto en estos
deberes, unas veces con frívolos pretestos
de Religion, otras con razones humanas?

2.º   Si quieres imitar á María, ella te
servirá de modelo en todos los estados.
Consagrada á Dios en el templo, la oracion
y los trabajos del mismo eran su único
cuidado. Vírgen por eleccion y por voto,

(1)   Ps. CXXIV. 5.

añadió á aquellas ocupaciones el silencio, la modestia, la vida retirada. Desposada con S. José por voluntad de Dios, sin olvidar los deberes de la piedad y los que le imponia su voto de castidad, se entregó al cumplimiento de los de una esposa fiel, obediente y cuidadosa. Despues de la muerte de su casto esposo, vivió en el estado de viudéz, modelo perfecto de recogimiento, de sobriedad, de prudencia, de honestidad y de todas las virtudes, empleándose en el servicio de los Apóstoles, en la asistencia de los enfermos y de los pobres, en la enseñanza de los jóvenes, y en todos los oficios que la caridad le inspiraba. Por ello María es el espejo en que deben mirarse todos sus hijos, si desean cumplir con los deberes de su estado. Llégate, alma mia, llégate con frecuencia á este espejo purísimo para conocer tus faltas y enmendarlas, y no dudes que María te ayudará á hacerlo y obrar con perfeccion.

21

3.º María, no solo se esmeró en cumplir todos los deberes y las obligaciones que le imponia su estado de Vírgen consagrada á Dios, esposa y viuda, sino que tambien aceptó gustosa las cruces y trabajos que en cada uno de estos estados le sobrevenian. La pobreza, el destierro en Egipto, las persecuciones, las angustias y privaciones, todo le era agradable; y no satisfecha con llevar alegremente estas cruces, en cuanto las veía ante sus ojos las amaba, las elegia y las deseaba, haciendo con ello que fuesen un sacrificio voluntario de su corazon, que presentaba á la divinidad. ¡Cuán poco imitas este egemplo, alma mia! ¡Con cuánta repugnancia te sujetas á las consecuencias del estado que has elegido! ¡Ah! no sea así en adelante, si quieres ser hija de María, si quieres merecer su amor y labrarte una corona inmortal.

AFECTO.

—

¡Oh María! en cualquier estado de vuestra vida que os contemple, sois modelo admirable de virtudes. Yo me complazco en vuestra perfeccion, y deseo imitarla en lo posible. ¡Madre mia! así como enseñasteis durante vuestra vida á los cristianos á ser fieles á sus obligaciones, enseñadme tambien á mí, para que nunca falte á lo que debo á Dios y al prógimo en mi estado. Necesito de la gracia, Vos me la alcanzareis, y con ella todo lo podré y llevaré con gusto, y aun desearé y amaré los trabajos que me produzca el cumplimiento de mis obligaciones. Vos, Señora, sois mi modelo, sed tambien mi maestra y mi protectora.

DIA 17.

BUEN EMPLEO DEL TIEMPO.

—

Honrad é imitad á María que pasó toda su vida en la práctica de las buenas obras.

1.º Andad mientras teneis luz, dice el Señor (1), porque viene la noche en que nadie puede obrar (2). Esto es, aprovechad bien el tiempo, porque es breve, y en la muerte nada podreis hacer. No se te pase pues inútilmente la menor parte del dia bueno, añade el Espíritu Santo (3). El tiempo de la vida es el único que se nos concede para obrar nuestra salvacion, y del

(1) Joann. XII. 35. (2) Joann. IX. 4.
(3) Eccl. XIV. 14.

empleo de este tiempo depende nuestra mayor ó menor felicidad. ¡ Alma mia ! si te convencieras del precio del tiempo ¿dejarias pasar tantas horas y tantos dias sin hacer nada en órden á la eterna felicidad? Cada momento, dice S. Bernardino de Sena, vale tanto como Dios (1), porque cada momento puedes perder ó merecer la posesion eterna de Dios. Un momento te vale una eternidad. ¿ Te atreverás á pasarlo inútilmente?

2.º María, conocedora perfecta del valor infinito del tiempo, no dejó pasar un solo instante en la ociosidad corporal ni en la espiritual. Retirada en el templo, y despues en su pobre casa de Nazareth, se ocupaba sin cesar en labores humildes, para atender con su esposo á sus necesidades; y considerando que el trabajo es la herencia y el castigo temporal de los hijos de Adan, se empleaba en él con espíritu

(1) Serm. fer. IV. post Dom. I. Quad.

de penitencia, no buscando jamás ni la abundancia ni la riqueza. ¿Miras tú así el trabajo corporal, alma mia? ¿Cuántas veces lo consideras como una desgracia y te ocupas en él con tedio? Aprende de María á hacer del trabajo un egercicio de virtud, y del tiempo que en él empleas, un tiempo de espiacion, de penitencia y de méritos para la vida eterna.

3.° No se contentó María con emplear el tiempo en el trabajo corporal, porque sabia que el principal objeto para que debemos aprovecharle es el de la santificacion y la salvacion eterna. Por ello de su misma ocupacion corporal hizo un medio de salud, no buscando en ella sino á Dios, y ni un momento dejó pasar, bien estuviese trabajando, bien orando, en que no amase á Dios, en que no le glorificase, en que no atendiese al único fin de su existencia, y en que con obras de caridad no procurase el bien de los prógimos. Así es como su alma hermosa ya en su principio como la aurora, fue subiendo hasta ser luna perfecta (1), y presentarse al mundo como muger vestida del sol divino que en ella difundia toda su luz (2). Alma mia, el tiempo te se ha dado para que te santifiques y te salves, empleándote en obras de virtud interior y esterior : cuanto mejor lo hagas, mayor será tu perfeccion, y mayor será tu gloria. ¿Te mostrarás aun indiferente y descuidada en el buen empleo del tiempo?

AFECTO.

—

¡Oh María! la brevedad del tiempo me espanta, y sin embargo, apenas me aprovecho de él. ¡Ah! ¡cuántos dias y aun años he perdido que bien empleados me hubieran producido una gloria eterna! No mas perder este tiempo tan precioso, Madre mia. Yo sé que del estado de mi alma

(1) Cant. Cantic. VI. 6. (2) Apoc. XII. 1.

en el momento de la muerte, depende mi suerte eterna, y sé que ese momento es incierto. No permitais pues, Señora, que yo viva desprevenido, no permitais que deje pasar un solo instante sin trabajar en mi salud eterna. Si mi fragilidad, ó el mundo, ó el demonio me hacen olvidar este propósito, recordádmelo Vos, Madre mia, y ayudadme á cumplirlo fielmente, para que el tiempo bien empleado en la tierra, sea el preludio de una eternidad feliz y bienaventurada en el cielo.

DIA 18.

IMITACION DE JESUCRISTO.

Invocad á menudo el corazon de María, perfectísima imágen del corazon de Jesus.

1.º   Jesus es la imágen de los predestinados (1). Nadie se salva sino en cuanto se conforma con este modelo, á quien nos mandó el Padre escuchar (2), y á quien nos presentó en el monte, como el egemplar que debemos tener siempre ante los ojos para acomodarnos á él, copiándole en nosotros (3). El mismo Jesus nos dice, que imitemos los egemplos que nos dió, en su vida (4), y que aprendamos de él á ser mansos y humildes de corazon (5). Toda la vida de Jesus es una leccion continua de perfeccion, y los cristianos que son sus discípulos, no pueden apropiarse este título, si no practican lo que les enseña su Maestro. ¡Cuán poco se conforma mi vida con la de Jesus! ¡cómo me atrevo á llamarme cristiano, y cómo puedo confiar de mi salud eterna, si no imito á Je-

(1) Rom. VIII. 29.   (2) Math. XVII. 5.
(3) Exod. XXXV. 40. (4) Joan. XIII. 15.
(5) Math. XI. 29.

sucristo que es el camino, la verdad y la vida misma (1)!

2.° María es entre todos los discípulos de Jesus la que mas se conformó con este divino modelo. Desde el momento en que le adoró encarnado en su purísimo seno por obra del Espíritu Santo, los ojos de su alma se fijaron en él constantemente, y su entendimiento no tuvo otra ocupacion que la de estudiar, meditar y hacer suyos los sentimientos de su Hijo. Cuando le vió ya nacido, y despues durante toda su vida, se aplicó aun mas á uniformar su corazon con el de Jesus, atendiendo á cuanto de él se decia y á cuanto él hablaba y enseñaba á sus discípulos, meditándolo detenidamente en su corazon (2). He aquí, alma mia, cómo debes principiar á conformarte con Jesus: considerando lo que él dijo y enseñó para apropiarte sus sentimientos, y como dice el Apóstol, sen-

(1) Joann. XVI. 6.   (2)   Luc. II. 51.

tir en nosotros lo que vemos en Cristo Jesus (1).

3.º María, no solo conformó su corazon y sus sentimientos interiores con los de Jesus, sino tambien su esterior, imitando todas sus acciones, y mas aun el modo de practicarlas. Amó tan solo lo que él amaba, y como él, no tenia otro fin en sus obras que la gloria de Dios. Practicó la humildad, imitó su obediencia, su paciencia, su amor á la oracion y á los trabajos, obrando en todo con desinteres, con paz interior, y sin respetos humanos. ¿Te conformas, alma mia, de este modo con tu divino modelo? ¡Ah! cuánto motivo tienes de llorar, si atiendes á tus pasados descuidos en este punto tan capital! Acude, pues, á María, y ella será desde hoy tu maestra en la imitacion de Jesus.

(1) Philip. II. 5.

AFECTO.

—

¡Oh María! yo admiro vuestro corazon cortado á medida del corazon de Jesus. Vos como luna perfecta recibiendo las luces del divino sol que es vuestro Hijo, apareceis á mis ojos toda hermosa, y reflejais en mi corazon la luz que os comunicó Jesus. Haced, Madre mia, que se fije en mi alma, para que aprenda de Vos á hacerme en un todo semejante al divino modelo que vos imitasteis, hasta transfigurarme en el mismo. Enseñadme para ello á meditar como Vos todas sus palabras y sus acciones, para que sean la regla cierta de mi conducta, y el principio de mi salvacion eterna.

DIA 19.

OBEDIENCIA.

—

Adorad é imitad á Jesus, en todo sumiso y obediente á María y á José.

1.º La obediencia es fruto de la humildad, y aun puede decirse que es la práctica de esta virtud. Por ello S. Pablo al hablarnos de la votuntaria humillacion del Hijo de Dios, la confirma diciendo, que se hizo obediente hasta la muerte, y muerte de cruz (1). La obediencia es en estremo agradable á Dios, porque con ella

(1) Philip. II. 8.

le ofrece el hombre directa é indirectamente, el sacrificio entero de sí mismo, renunciando á su voluntad propia, y sujetando su juicio al de quien le manda. La perfeccion de esta virtud se funda en la sumision á la voluntad de otro, considerándole como superior puesto por Dios mismo; y es tanto mas perfecta, cuanto menos superioridad tiene la persona á quien se obedece, y menos se detiene la voluntad en juzgar sobre lo que se le manda. Alma mia, en vano te llamarás humilde, mientras no sacrifiques tu voluntad y aun tu juicio en las aras de la obediencia, y mientras obedezcas con repugnancia, con murmuracion ó por respetos humanos.

2.° Los dos modelos de obediencia que se nos presentan para nuestra imitacion, son Jesus y María. Aquel siendo como Dios, Señor absoluto de todo el universo, sin que haya cosa alguna que se resista á su voluntad, hecho hombre, se hace humilde y obediente. Obedece primero al Padre Eeterno, diciendo públicamente no haber venido para hacer su voluntad, sino la del que le habia enviado (1). En segundo lugar se hizo súbdito de María y de José, segun dice el Evangelio, obedeciéndoles en todo (2). Finalmente, se sujeta á las autoridades paganas, pagando tributo al César (3); y aun á sus mismos verdugos, no resistiendo á ninguno de ellos en su pasion. Alma mia, si el Hijo de Dios se hace obediente para enseñarte á obedecer, y se sujeta á los que le eran inferiores, ¿te negarás tú á obedecer á los que él mismo te ha puesto por superiores? ¿Creerás indigno de ti sujetarte por Dios á tus iguales, y aun hacer la voluntad de tus inferiores?

3.º María, perfecta en todas las virtudes desde el principio de su vida, nos presenta en sus acciones el segundo mo-

(1) Joann. VI. 38. (2) Luc.I.511.
(3) Math. XVII. 26.

delo de obediencia. Desde sus primeros años renunció á su voluntad, y obedeció á sus padres mientras vivieron, y por obediencia se unió en desposorio con S. José. Desde entonces la voluntad de este fue la suya, sin detenerse jamás en obedecerle como á un superior que Dios le habia dado. Su obediencia fue humilde, silenciosa y activa. Humilde, reconociéndose inferior á todos; silenciosa, sujetando su juicio con su voluntad; y activa, apresurándose á obrar y hacer lo que de ella se ecsigia, no siendo opuesto á la voluntad de Dios. Así es como se sujetó al edicto del César que le obligó á dejar su casa y pasar á Belén; y así es como obedeció á su esposo cuando le dijo de parte del Señor ser preciso huir á Egipto. ¡Oh, cuán bello y seguro es obrar por obediencia! ¡Alma mia! Aprende de María á practicar esta virtud, y á perfeccionarla con los caractéres que en la suya descubres. No puedes decir que imitas á tu Madre, mientras no copies en ti esta hermosa virtud que en ella tanto resplandece.

AFECTO.

—

¡Oh María, Vírgen obedientísima! que desde vuestro nacimiento renunciasteis á vuestra voluntad para obedecer en todo; enseñadme á practicar como Vos esta virtud, y á practicarla con perfeccion. Hacedme para ello humilde, á fin de que mi amor propio no haga dominar en mi corazon mi propio juicio y voluntad. Vos que amasteis tanto la obediencia y la hicisteis regla de vuestras acciones en todos los estados de vuestra vida; Vos que os humillabais cuando habiais de mandar y cuando veíais á Jesus hecho súbdito vuestro, imprimid en mi corazon vuestros sentimientos, para que arraigados en él, me dirijan por el camino de la humildad y obediencia al término feliz prometido á los que os imitan en estas virtudes.

DIA 20.

AMOR A LA POBREZA.

—

Pedid á María os haga partícipes de sus sentimientos y de su espíritu de pobreza voluntaria.

1.º Las riquezas son espinas que hieren el corazon del hombre que las ama y se aficiona á ellas (1), y formando como una barrera á su alrededor, impiden que entre en él la semilla de la virtud con las divinas inspiraciones y la palabra de Dios. Por ello Jesucristo aconseja á cuantos quieran ser perfectos, que renuncien á los bienes

(1) Math. XIII. 22.

de la tierra, porque donde tiene uno su tesoro, allí tiene su corazon (1). Esta renuncia no la exige Dios en todos formal, real y completa; pero á todos manda tener su corazon libre del amor á las riquezas, sin afanarse por su adquisicion, sin turbarse demasiado por su pérdida, y sin destinarlas á usos criminales y supérfluos, poseyéndolo todo segun el consejo del Apóstol, como si nada poseyesen (2). Esta es la pobreza de espíritu que merece la eterna bienaventuranza, y á que todos debemos aspirar con perseverancia, llegando á tener nuestro corazon tan ageno á las riquezas en la abundancia como en la miseria. Alma mia, estas lecciones son de vida eterna; no las olvides: practícalas con constancia y te harán feliz.

2.º María nos presenta en su vida lecciones y egemplos continuos de amor á la pobreza. Al tiempo de tomar estado, no

(1) Math. VI. 21. (2) I. Cor. VII. 30.

vaciló en dar su mano al Santo Patriarca José, á pesar de verle tan pobre que necesitaba del trabajo de sus manos para su manutencion, y de que ella misma debia tambien trabajar para atender á sus necesidades. En su casa, en su vestido y en todo lo que le pertenecia brillaba el amor á la pobreza que reinaba en su corazon, sin buscar nunca las riquezas, ni desear siquiera salir de su pobre estado. Obligada por el edicto del César á dejar su casa y trasladarse á Belén, lo hace con presteza, sin detenerla la miseria que la esperaba, ni turbarse su corazon por verse en el caso de retirarse á un establo para dar á luz á su divino Hijo. Veía en todo esto un medio de unirse mas con Dios, y su alma ansiosa siempre de esta union, se alegraba al verse libre de los lazos con que las riquezas estrechan el corazon. Alma mia: este es el concepto que debes formar de los bienes de la tierra. Son lazos que te impiden volar al cielo. Rompe

pues estos lazos, y libre de ellos esfuérzate en enriquecerte con bienes eternos.

3.º María, al ver á Jesus nacido voluntariamente en la pobreza para vivir y
morir en ella, siente crecer mas y mas
en su corazon el amor á esta virtud, y la
practica con mas perfeccion que antes,
porque renuncia á las riquezas que se le
proporcionan. Un momento se ve rica con
los tesoros que le ofrecen los Magos, y
antes de que se fije en ellos su corazon,
los hace pasar á manos de los pobres, que-
dándose ella pobre con su Hijo, en términos de no poder ofrecer en el templo un
cordero en sacrificio por Jesus. He aquí la
perfeccion de la virtud, y no solo por un
momento, sino continuado hasta la muerte
de María Santísima, en que solo dos pobres túnicas pudo legar á dos vírgenes
cristianas. Alma mia: á vista de estos
egemplos ¿aun fundarás tu felicidad en
las riquezas? ¿aun serás dura con los pobres, negándoles lo que te sobra? ¿aun

tendrás tu corazon pegado á los bienes perecederos?

AFECTO.

—

¡Oh María! vuestro amor á la pobreza me admira, y me hace conocer cuán indigno soy del nombre de hijo vuestro. Yo he amado los bienes de la tierra, yo me he gozado en su posesion, y me he afanado por adquirirlos, cuando os veo á Vos que renunciasteis á ellos y os hicisteis pobre voluntariamente. ¡Oh! no mas afan por las riquezas; no mas amor á estos bienes que hoy son, y mañana no son; á estos bienes que como espinas hieren el corazon, y como lazos lo atan y sujetan en la tierra. Renuncio, Madre mia, á su amor; y viviré aun en medio de la abundancia, como si no los tuviera, si Vos me enseñais á conocer cuanto puede dañarme el apego á ellos. ¡Oh María! hacedme pobre de espíritu para que sea rico eternamente.

DIA 21.

MORTIFICACION.

Imitad la vida penitente, pobre y laboriosa de la Sacra familia en Nazareth.

1.º La mortificacion interior y esterior es necesaria al hombre desde que la concupiscencia dominó en su corazon, para impedir con su freno los funestos efectos de las pasiones y apetitos desordenados, y restablecer el interior en su estado de pureza y ordenada union con Dios, que es nuestro único y último fin. Si vivimos segun la carne, moriremos; pero si con las obras del espiritu mortificamos las de la carne, viviremos, segun dice el Apóstol (1), que por lo mismo nos aconseja que crucifiquemos la carne con sus vicios y concupiscencias, trayendo siempre la mortificacion de Jesus en nuestro cuerpo para que se manifieste su vida en nosotros (2). En una palabra, la mortificacion es el castigo del pecado cometido, y el preservativo para no cometerle en adelante. Alma mia : si así es ¿te creerás dispensada de la mortificacion? Has pecado ; mereces castigo : estás rodeada de peligros, y debes defenderte. Uno y otro conseguirás con la mortificacion.

2.° El interior de María era como el templo de Salomon, y se iba levantando sin que se oyese golpe alguno del martillo de las pasiones, ni murmullo de las tentaciones sensuales ; era en un todo perfecto ordenado segun la caridad, y atraido con fuerza dulcísima por los aromas del celestial Esposo, único que en él reinaba. Pero

(1) Rom. VIII. 13. (2) II. Cor. IV. 10.

esto no fue bastante para que María descuidase por su parte los medios de asegurar su perfeccion, practicando sin cesar la mortificacion interior, como si pudiesen sus pasiones levantarse contra el espíritu. De aquí su oracion continua para velar siempre sobre las inclinaciones de su alma; de aquí el negarse á toda curiosidad, y el apartar su imaginacion de cuanto podia separarla de Dios. Alma mia: si no vigilas en la oracion; si no refrenas tu imaginacion, te verás arrastrada á mil peligros. Mortifica pues tu interior, y no dejes que se arraigue en tu corazou pasion alguna. Es templo de Dios, y solo Dios debe tener allí su trono y su altar.

3.º María era purísima en su cuerpo; libre de la primera culpa, jamás sintió el estímulo de la carne, ni se turbaron hácia el mal sus sentidos, ni se rebelaron sus apetitos contra el espíritu. Sin embargo, egerció sobre ellos una vigilancia continua, reprimiéndolos sin cesar con la mortificacion. En el templo cuando estaba consagrada al Señor, y principalmente cuando se desposó con S. José, hizo pacto con sus ojos como Job, de no fijarse en objeto alguno que ofendiese la pureza (1); cerró sus oidos á las conversaciones del mundo, amó el silencio, fue templada en la comida, y tuvo así mortificado todo su cuerpo, para que estuviese siempre dispuesto á seguir la voz del espíritu. Alma mia: esta es la verdadera mortificacion, y la que santifica al hombre. En vano querrás estar unida á Dios en la oracion; en vano propondrás no pecar, mientras no refrenes tus apetitos y pongas ley á tus sentidos. Aun mas; en vano practicarás crueles penitencias esteriores; en vano crucificarás tu carne con cilicios y disciplinas. Mientras como María no busquemos la raiz del mal, todos nuestros esfuerzos serán inútiles.

(1) Job. XXXI. 1.

AFECTO.

—

¡Oh María ! Vírgen la mas pura y la mas mortificada; la mas libre de pecado, y la mas armada y prevenida contra él, ved en vuestra presencia á un pecador que por muchos años ha dado rienda suelta á sus apetitos y pasiones. Hecho esclavo suyo hasta ahora, me es difícil vencerlos en adelante ; pero estoy resuelto á luchar de continuo y no descansar hasta abatirlos (1). Madre mia , ayudadme; poned siempre ante mis ojos los egemplos de mortificacion interior y esterior con que os hicisteis tan terrible á los enemigos del alma, y dadme fuerza para seguir vuestros pasos hasta lograr que la paz del espíritu sea el fruto de mis esfuerzos, y viva de este modo puro y santo en la presencia del Señor.

(1) Ps. XVII 41.

DIA 22.

PACIENCIA.

En todas vuestras penas traed á la memoria el admirable egemplo de la Vírgen Santísima al pie de la Cruz.

1.º La paciencia os es necesaria, dice el Apóstol, para que haciendo en todo la voluntad de Dios, alcanceis el premio prometido (1). El mismo Hijo de Dios debió padecer para llegar á su gloria (2); y como dice Job (3), la vida del hombre es una continua milicia, y debe luchar siempre con enemigos formidables. Esta lucha debe

(1) Heb. X. 36. (2) Luc. XXIV. 26.
(3) Job. VII. 1.

ser mas bien pasiva que activa; y las armas del cristiano deben ser las de la justicia con la paciencia (1), para sufrir en silencio y aun con alegría las penas que lleva consigo la condicion humana, porque no puede llegar el hombre al cielo si no está labrado con los golpes de la tribulacion sufrida con paciencia. Alma mia ¡cuán necesaria es esta virtud para ser perfectos! Todo cuanto nos sucede lo dispone Dios para nuestra santificacion. Si no sufrimos pues las penas que esto nos causa, ¿podremos decir que queremos santificarnos?

2.º María nos enseña con su egemplo la virtud de la paciencia, porque sufrió siendo inocente. Sufrir la pena de nuestras culpas, no forma un acto verdaderamente perfecto de paciencia, sino de mortificacion; pero sufrir lo que se padece sin culpa, es ya una prueba de la virtud de que hablamos. María era inocentísima, y no se

(1) II. Cor. VI. 7.

habia hecho digna de castigo alguno. Sin embargo, sufre con paciencia las incomodidades naturales, las humillaciones y desprecios de los hombres, las persecuciones de Heródes, la pobreza, y sobre todo padece con su Hijo, haciéndose partícipe y compañera suya en la pasion. Alma mia; viendo á tu Madre que sufre con paciencia las adversidades ¿rehusarás el padecer tú y sobrellevarlas con paciencia? Si mereces la tribulacion, súfrela como castigo; si no la mereciste, súfrela como medio de perfeccion con humildad y con paciencia.

3.º María nos enseña á hacer mas perfecta nuestra paciencia en el modo de sufrir las adversidades. Se ve pobre, se ve espuesta y próxima á ser abandonada por su esposo, se ve precisada á huir por los desiertos y vivir en pais estraño, y su boca no profiere siquiera una palabra de queja y de impaciencia; no culpa á su esposo, no atribuye á nadie la causa de sus trabajos: se humilla, se confiesa merecedora de ellos, y sufre sin quejarse, sufre en silencio, no buscando consuelo alguno de las criaturas, ni otro testigo de sus penas, que á Dios. Alma mia: he aquí el modelo. ¡Ah, cuán mal lo has imitado hasta ahora! Has acriminado á los hombres; te has quejado tal vez de la Providencia en tus trabajos, has buscado consuelos humanos, y todo lo has hecho, menos acudir á Dios, y en silencio aceptar tus penas, ofreciéndoselas al Señor en testimonio de que te sujetas á su voluntad santísima. Confúndete á la vista de María, y propon ser mas paciente y sufrida en adelante.

AFECTO.

—

¡Oh María! Vírgen pacientísima en todos los trabajos de vuestra vida: miradme con ojos benignos como á hijo vuestro, y dignaos infundir en mi corazon los sentimientos de paciencia que siempre os animaron. Enseñadme en primer lugar con vuestro ausilio y con vuestro egemplo, que quiero siempre tener delante, á recibir con sumision los trabajos y penas que el Señor me envie, valiéndose de sus criaturas; enseñadme á mirarlos como un ligero castigo de mis culpas, y finalmente á sufrir en silencio como Vos, buscando solo en Dios la fortaleza y el consuelo que necesita mi debilidad. Hacedlo así, Señora, Reina de los mártires, para que poco á poco llegue á amar la Cruz y á vivir y morir en ella con Jesus, sacrificando en sus aras mi corazon como Vos lo hicisteis.

DIA 23.

AMOR A LA CRUZ.

Honrad é invocad á menudo el corazon de María unido á la Cruz de su divino Hijo.

1.º   Sufrir en silencio y sin quejarse ni rehusar las penas, es el primer grado de la paciencia; sufrirlas con alegría, es un grado mas perfecto de esta virtud; pero su última perfeccion consiste en amarlas y desearlas, para parecerse en todo al Hijo de Dios inocentísimo y muerto por nosotros en la Cruz. El que sufre sin quejarse, mira la Cruz como una pena merecida; el que la recibe con alegría, mira en ella un bien; pero el que la ama y la desea, encuentra ya en ella un tesoro que merece

23

ser buscado con afan , y á éste le corresponde verdaderamente el título de discípulo de Jesucristo , que dice : *El que no toma su cruz y me sigue, no puede llamarse mi discípulo* (1). Alma mia : juzga tú misma si puedes apropiarte este honroso título , y júzgalo en vista de tus sentimientos de amor ó repugnancia á la Cruz.

2.º María, conocedora de los divinos misterios, y testigo del amor que Jesus tenia siempre á la Cruz , y de los efectos admirables de este amor, desde luego amó el padecer , y unió su corazon al de su Hijo para formar de ambos un solo sacrificio. Cuando le vió pobre en Belén, cuando oyó de boca de Simeon los designios del Señor en la vida y muerte de Jesus, y sobre todo cuando le vió aceptar la Cruz é inmolarse en ella por amor al hombre , le tomó por su modelo , y procuró imitarle toda su vida. Ella mejor que el Apóstol

(1) Luc. XIV. 27.

podia decir que en nada se gloriaba sino en la Cruz de su Hijo (1), y que nada buscaba sino padecer con él y como él; y lo acreditó en verdad, permaneciendo firme al pie de la Cruz para participar en su espíritu, ya que no en su cuerpo, de todos sus tormentos. ¡Cuán diferente es tu conducta, alma mia! Nada rehusas como el padecer, y la Cruz te parece tan pesada que de mil maneras tratas de dejarla. ¿Te atreverás pues á llamarte imitadora de Jesus y de María?

3.° El principal motivo que María encontraba para amar la Cruz era el amor que tenia á su Hijo. Nada prueba tanto el amor que se tiene á una persona, como el deseo vivo y eficaz de conformarse en todo con ella, y el padecer por este amor cuanto es posible. Sacrificarlo todo, privarse de todo, sufrirlo todo, desprecios, humillaciones, trabajos, dolores y la muerte

(1) Gal. VI. 14.

misma, he aquí el fruto y la prueba del amor verdadero. El Eterno Padre para hacernos ver cuánto nos amaba, entregó á su Unigénito por nosotros (1). Jesus, para acreditar su amor, lo sufrió todo, entregándose á la muerte por nosotros. María, tambien sacrificó á su Hijo por amor á nosotros, y se ofreció en sacrificio á sí misma con Jesus por nosotros. ¡Alma mia! ¿amas á Jesus? ¿amas á María? Si lo ves, pues, en la Cruz por tí, ¿cómo es que tú no la buscas y vives en ella para asemejarte á ellos y probarles tu amor? ¡Ah! Nunca será tu amor verdadero si no se forma á la sombra de la Cruz y te conduce á vivir y morir en la Cruz.

AFECTO.

—

¡Oh María, que al pie de la Cruz unisteis vuestro corazon al de Jesus para ofre-

(1)   Joann. III. 16.

cerlo como víctima al Eterno Padre! Dignaos egercer conmigo el oficio de Madre, que os dió vuestro Hijo en aquella hora; enseñadme á amar la Cruz, á sacrificarme en ella con Jesus, y á vivir siempre en la Cruz, haciendo de ella como Vos y la Esposa mi casa, mi lecho, mi trono y el lugar de mi descanso, para que alli aprenda á amar á Dios con pureza y verdad, á morir á mí mismo y á copiar en mí la imágen de vuestro Hijo crucificado hasta ser una misma cosa con él, en el tiempo y en la eternidad.

DIA 24.

PUREZA DE INTENCION.

—

Al egemplo de María sea siempre vuestro norte en todas vuestras cosas la mayor gloria de Dios.

1.° El Apóstol S. Pablo nos dice: bien sea que comais, bien que bebais, dirigid todas vuestras palabras y acciones á la mayor gloria de Dios, en nombre de nuestro Señor Jesucristo (1). Este es el medio segurísimo de santificar todas nuestras obras elevándolas á un órden sobrenatural que nos las haga meritorias para la vida eterna. Un fin recto, una intencion pura y santa

(1) I. Cor. X. 31.

hace de las mas pequeñas acciones del hombre otros tantos títulos que le atraen las bendiciones y el amor de Dios; al paso que un fin humano, una intencion torcida no solo quita todo su mérito á las prácticas de la virtud, sino que las hace viciosas y dignas tan solo de castigo. De aquí esta gran máxima de S. Pablo, adoptada por todos los Santos, y en especial por S. Ignacio de Loyola. Hacedlo todo para la mayor gloria de Dios. ¡Oh Dios mio! ¡cuán olvidada he tenido yo esta máxima de vida eterna!

2.º ¿Quién tuvo jamás una intencion tan pura y tan santa en todas sus acciones como la Santísima Vírgen María? Recorred toda su vida, y desde su concepcion hasta su muerte no hallareis un pensamiento, una palabra, una accion que no fuese dirigida á la gloria de Dios. Para obligarse en cierto modo á procurarla con mas ahinco, se le ofreció en el templo, y le hizo sacrificio absoluto de su cuerpo y de su alma con todos sus sentidos y potencias, pronunciando el voto de virginidad perpetua. En la encarnacion del Verbo en su seno, y en su vida privada y pública no pensó jamás en satisfacerse á sí misma, ni al mundo. Con los ojos del alma fijos en la Divinidad, buscaba á Dios en todas las cosas, y no se detenia sino donde le encontraba. ¡Alma mia! ¡cuán diferente es tu modo de obrar! ¡Cuán poco te acuerdas de la gloria de Dios! Satisfacer tu vanidad, complacer al mundo, adquirir honores, riquezas y buen nombre, es todo tu anhelo: ¿y te llamas hija de María?

3.º María buscó siempre la gloria de Dios, porque desde su concepcion vivió persuadida de que el Señor la habia criado para él. Viéndose enriquecida de dones sin número, queria como buena amante devolverlos á su Dios, consagrándole el uso de ellos; y así como sin cesar se veía objeto de las divinas complacencias, así tambien ni un instante queria otra complacencia que la de agradar á Dios. Dios lo hace todo para mi bien y mi felicidad, yo quiero hacerlo todo para su gloria. Dios me ama en todo, yo quiero glorificarle en todo. He aquí el principio de las acciones de María, he aquí el fin y la intencion de todas sus palabras y de sus obras. La voluntad de Dios era el móvil de sus acciones, la gracia de Dios era su guia, la gloria de Dios era su fin. Graba ¡oh hombre! en tu corazon estas lecciones, y sean estas máximas las que te gobiernen en todas tus obras.

AFECTO.

¡Oh María! Vos cuya alma fijando los ojos como águila en el sol divino, dirigisteis á él siempre vuestros pasos, mirando en todos vuestros pensamientos, vuestras palabras, y vuestras obras al norte seguro de la gloria de Dios: sed mi guia y mi maestra. Mi alma quiere seguiros en esta carrera: enseñadme á tener siempre por término de mis acciones la mayor gloria de Dios. Yo os suplico, que Vos mísma las presenteis todas á vuestro divino Hijo, despues de enderezarlas á este fin. ¡Oh Señora! no atraigan ya mis miradas las cosas de la tierra, ni los honores, ni el amor de las criaturas. Dios solo en mi entendimiento para conocerle; Dios solo en mi corazon para amarle, y Dios solo en todo, y en todo tiempo, para glorificarle eternamente.

DIA 25.

MODESTIA.

—

Proponeos por modelo de toda vuestra conducta, la edificante modestia de la Virgen Santísima.

1.° Como escogidos, santos, y amados de Dios, dice S. Pablo, revestíos de entrañas de misericordia, de benignidad, de humildad, de modestia y de paciencia (1), y sea vuestra modestia conocida de todos los hombres (2), para que, como dice el Evangelio, viendo vuestra luz y vuestras buenas obras glorifiquen al Padre celestial (3). La modestia es una virtud

(1) Coloss. III. 12.   (2) Philip. IV. 5.
(3) Math. V. 16.

que moderando y ordenando todo el esterior del hombre, hace aparecer á los ojos de los demas el órden y concierto del interior. El rostro es espejo del alma, reflejando los sentimientos del espíritu; y la modestia forma este espejo donde los hombres ven y admiran las virtudes que adornan el corazon, y se mueven á imitarlas. Tu rostro, tu mirada, tus pasos, hasta tu vestido dan á conocer lo que tú eres en tu interior. Examínate pues, alma mia, y veas qué idea da de ti tu compostura esterior. ¡Quién sabe si en vez de edificar al prógimo con tu modestia, eres para él motivo de escándalo y de ruina!

2.º Convéncete de la necesidad que tienes de esta virtud hermosa para dar buen egemplo y contribuir al bien de tus prógimos, y acude á aprenderla en el corazon santísimo de María. En ninguna criatura podrás hallar un modelo mas perfecto. Este corazon todo de Dios difundia hácia lo esterior sus perfecciones de un modo el mas admirable. Todo manifestaba en ella la santidad de su alma. Su mirada recogida sin afectacion, su rostro severo sin dureza, su voz sumisa, su paso grave, su vestido honesto y sencillo, formaba un conjunto tal, que S. Epifanio la llama prodigio de todas las virtudes; porque su palabra, su mirada, su trato, y toda su compostura descubrian el fondo de su humildad, de su caridad, de su dulzura, de su pureza y de todas las perfecciones de su corazon. Examina tu esterior, alma mia, ante este espejo. ¡Ay cuántos motivos tendras para bajar los ojos y humillarte!

3.° Si quieres imitar á María en su modestia, examina sus principios y fundamentos. Dios escudriña el corazon, y Dios lo escudriña en todas partes porque estamos en su seno como el pez en el agua y las aves en el aire. La presencia de Dios la obligaba a componer su esterior, aun cuando se hallase á solas en su aposento; y esta presencia de Dios y la necesidad de edificar al prógimo, la mantenia modesta ante los hombres. La idea de que Dios descubria su interior, era un motivo poderoso para que no diese á su compostura un carácter de afectacion hipócrita. ¿De qué me serviria componer mi rostro, si no lo está mi corazon? He aquí, alma mia, la leccion que te da tu buena Madre. No la olvides. Sé modesta en todas partes; tu modestia sea hija de tu compostura interior; y como María, lograrás edificar al prógimo y glorificar á Dios.

AFECTO.

—

¡Oh María! que fuisteis la admiracion del mundo por vuestra modestia que atraía en pos de Vos á todos los hombres, y producia en sus almas los mas santos pensamientos, enseñadme á imitaros en esta virtud de las virtudes. Enseñadme á perfeccionar mi interior para que redunde á mi esterior la belleza de mis virtudes que edifiquen á mis hermanos. ¡Ay cuántas veces mi inmodestia les habrá escandalizado! ¡Cuántas veces habré sido para ellos piedra de tropiezo! ¡Oh! no mas, Madre mia. Hacedme modesto en todo lugar y en todo momento, para que sea en todas partes conocido por hijo vuestro. Os lo pido por el amor que teneis á esta virtud preciosa, que fue uno de vuestros mas bellos adornos. ¡Oh María! soy todo vuestro, y esto me basta para esperarlo todo de Vos.

DIA 26.

DULZURA.

Reprimid la vivacidad de vuestro genio y aprended todos los dias de Jesus y de María á ser dulces y humildes de corazon.

1.º La dulzura y mansedumbre forma

la práctica de la humildad y de la caridad enlazadas fuertemente en el corazon del cristiano. Ella es una virtud hermosa que hace agradables á los hombres nuestro trato, que destierra las falsas ideas que los mundanos forman de la vida perfecta, y atrae á todos hácia la práctica del bien. He aquí por qué dice el Espíritu Santo que la palabra dulce destruye la ira (1). Nuestra boca pues, añade S. Crisóstomo, esté siempre llena de miel. Nada salga de ella que no sea dulce, nada áspero, nada amargo, nada que no sea digno del cielo. ¡ Alma mia ! ¡ cuán lejos estás de obrar así! ¿Sabes la causa? es que tu corazon está lleno de hiel de amor propio, y de la abundancia del corazon habla la boca (2). Arroja esa hiel, y llénate de la miel de la dulzura y mansedumbre.

2.° Dos modelos tiene el cristiano de perfecta dulzura y mansedumbre. El primer

(1) Prov. XV. 1. (2) Luc. VI. 45.

mero es el Hijo del Eterno Padre, que con sus palabras y sus obras nos anima á practicar esta virtud. Aprended de mí, nos dice, que soy manso y humilde de corazon (1), examinad mis acciones, é imitadlas. El segundo es María. Humilde de corazon, no podia menos de ser la misma dulzura, porque miraba á todos como sus hermanos y superiores á ella. La vista de su Hijo la perfeccionó en esta virtud. Recorre, alma mia, las acciones de estos dos modelos para imitarlos. Si el primero te parece demasiado elevado, estudia á María, y á medida de su corazon forma el tuyo. ¡Cuántas y cuán eficaces lecciones te dará de esta virtud hermosa!

3.º María, dice S. Buenaventura (2), fue dulcísima por su pacientísima mansedumbre: la espada del dolor traspasó su corazon; pero no le dió la muerte con el

_____

(1) Math. XI. 29.
(2) Spec. Virg. cap. VIII.

odio, ni le dejó llagado con la impaciencia. Todo fue dulzura, y ni una queja ni una palabra áspera salió jamás de sus labios, aun entre las mayores amarguras. Repasa la escritura, dice S. Bernardo (1), y si encuentras algo áspero en María, sospecha en hora buena de sus demas virtudes. ¿Qué estraño pues que la Santa Iglesia, llamándola Madre de misericordia, esclame: Oh dulce siempre Vírgen María? Alma mia ¿imitas á tu Madre? ¡cuántas veces te dejas llevar de la vivacidad y fuerza de tu genio, faltando á la caridad! Cuando esto hagas, fija los ojos en la dulce María, y avergüénzate.

AFECTO.

—

¡Oh dulcísima María, mi tierna Madre! ¡Oh Vírgen singular, entre todas benigna y dulce! Cómo me prueba toda vuestra

(1) Serm. IV. sup. Miss.

vida que el espíritu de Dios dirigia vuestros afectos, vuestras palabras y vuestras obras. Yo me avergüenzo, Señora, al mirarme á mí mismo, porque me veo tan distinto de Vos, que no puede ser sino el amor propio el que me gobierna. Comunicadme vuestra dulzura para que en el trato con mis hermanos, sea yo dulce con ellos como vuestro Hijo y Vos misma lo sois conmigo, admitiéndome, perdonándome y colmándome de bendiciones. Me entrego á Jesus y á Vos, Madre mia, hacedme dulce y humilde de corazon.

DIA 27.

◆

BUEN EGEMPLO.

—

Esforzaos como la Vírgen Santísima en atraer á todo el mundo á Dios por vuestra buena conducta y edificantes egemplos.

1.º El que vive bien en secreto, dice S. Gregorio (1), y no aprovecha á los otros, es ciertamente un carbon que arde ; pero el que practicando la perfeccion, ilustra á los demas con sus buenos egemplos , es una antorcha que arde para sí y brilla para los otros. Ay del hombre por quien viniere el escándalo , dice el Señor (2);

(1) Hom. V. sup. Ezeq.
(2) Math. XVIII. 6.

pero feliz aquel que diere buenos egemplos con el fin de atraer á otros hácia la santidad. Este tal en espresion de S. Pablo (1), esparce el buen olor de Jesucristo, es olor de vida para la vida, y brillará como la luz del firmamento, y como estrella por toda la eternidad: así como el escandaloso es olor de muerte para la muerte, y su desgracia y tormento será eterno. Si te examinas con sinceridad, alma mia, ¿á cuál de estas clases conocerás que perteneces?

2.º ¡Cuán bien cumplió María con la obligacion de dar á todos buen egemplo! Persuadida de que nadie vive solo para sí, y que la luz no se enciende para estar oculta bajo del celemin, sino para que hiera los ojos de cuantos se acercan á ella (2), no se contentó con no hacer jamás cosa alguna que pudiera escandalizar á sus semejantes, sino que en todo se mostró

(1) II. Cor. II. 15. 16. (2) Math. V. 15.

como egemplo de los fieles, en palabras y conversaciones, en caridad, en su fe, en su pureza (1), para que su perfeccion atrajese á los demas hácia el bien, y fuese un censor continuo de los malos. ¿Cuándo te persuadirás, alma mia, de que el mejor modo de egercer la caridad con el prógimo es darle buen egemplo, para que conozcan que la virtud es amable y fácil. Eres miembro de Jesucristo, debes esparcir el buen olor de Jesucristo.

3.º Para dar buen egemplo tened delante, dice S. Ambrosio (2), como en una pintura la vida de María, en la cual, á manera de un espejo se descubre la belleza de la castidad y la hermosura de toda virtud. Es verdad que su corazon estaba cerrado para todo el mundo, y su perfeccion estaba principalmente en su interior; pero por ello no negó jamás á sus hermanos los egemplos que les debia. Egemplos de fer-

(1) I. Tim. IV. 12. (2) Lib. II. de Virg.

vor en el templo , de humildad en la visitacion , de resignacion en la duda de San José, de pobreza en la cueva de Belén, de desprendimiento en la adoracion de los Reyes, de fidelidad á la ley de Dios en su purificacion, aunque no le obligaba, de recogimiento en Nazaret, de paciencia en la pasion de su Hijo, y de todas las virtudes en todo el curso de su vida santísima. ¡Alma mia! he ahí el modelo. ¿Te llamas hija de María? Nadie te reconocerá por tal, mientras no seas un vivo retrato de tu Madre.

AFECTO.

—

Yo os bendigo, oh María, mirra fragante que llenais los corazones con el buen olor de vuestras virtudes. Atraedme con la suavidad de esos aromas hácia Vos, y hácia Jesus. ¡A cuántos mientras vivisteis en la tierra hizo santos la vista de vuestra santidad ! ¡A cuántos ha hecho despues felices el recuerdo de vuestros egemplos! Sea yo uno de ellos, Madre mia; y séalo de manera que á todos atraiga con mis buenos egemplos. ¡Oh cuán feliz seré yo, si en el momento de mi muerte merezco que Vos me digais : no temas, porque los amantes que me has procurado y has atraido hácia Jesus, son una garantía de tu felicidad. Hácedme esta gracia, Madre mia, y seré feliz eternamente.

DIA 28.

RECOGIMIENTO.

Honrad é imitad el silencio y la vida retirada de Jesus, María y José en Nazaret.

1.º La obligacion de dar buen egemplo á nuestros prógimos, no destruye la necesidad del recogimiento, ya esterior, ya interior. Cuando la caridad, ó la necesidad, ó la obligacion lo exige, nuestra conducta debe ser pública, sin que nos dispensemos cosa alguna: cuando estas razones no militan, nuestra vida debe ser retirada, oculta y recogida, y aun en medio de las ocupaciones de nuestro estado, y entre las obras que no podemos menos de hacer públicamente, nuestro recogimiento interior debe ser contínuo para que no se desvanezca nuestro fervor, y nuestro espíritu se disipe. He aquí la amalgama de la vida interior y de la vida esterior y pública, en las cuales se embebe toda la perfeccion. Esfuérzate, alma mia, en comprender estas verdades, y esfuérzate mas aun en practicarlas. De ellas depende tu felicidad.

2.º El modelo mas perfecto que puedes proponerte para aprender el recogimiento, es María. A escepcion de Jesus, nadie le ha llevado ventaja. Despues de cumplidos los primeros misterios de la vida de su divino Hijo, se retira con él y con su esposo José á su pobre casa de Nazaret. El mundo parece no existir para esta santa familia. No se les conoce ni quieren darse á conocer. El trabajo de sus manos, la oracion y el retiro forman sus delicias. María no sale de su casa, si la necesidad ó la caridad no la obliga. Ni las diversiones, ni las fiestas, ni los sucesos del mundo llaman su atencion, y llegan á ser tan poco conocidos, que cuando Jesus predica todos se admiran de su ciencia, y esclaman: ¿dónde aprendió estas cosas? ¿No es este el hijo del pobre carpintero de Nazaret (1)? Alma mia, admira estos egemplos, é imita á Jesus y María, y vivirás en la dulce paz del corazon.

3.° María no se contenta con el retiro y recogimiento esterior, y añade tambien el recogimiento interior, reunien-

(1) Math. XIII. 54. 55.

do todas las potencias del alma en el corazon, para tratar con Dios á solas y confidencialmente. De este modo ni las ocupaciones esteriores, ni la compañía de las criaturas le impedian la union con su Criador, ni alteraban la paz de su alma. Para ello pone ley á sus sentidos, modera sus afecciones, se niega á toda curiosidad, y se acostumbra á mirar á Dios en todas las criaturas, en todas las ocupaciones, y en todo cuanto la rodea. Mientras no lo hagas así, alma mia; mientras no refrenes tu imaginacion, tus potencias y sentidos, en vano buscarás á Dios en la oracion. Le honrarás con los labios, pero tu corazon estará lejos de él (1).

AFECTO.

¡Oh María! cuando yo os contemplo retirada con Jesus en Nazaret admiro los

(1) Isai. XXIX. 15.—Math. XV. 8.

egemplos sublimes que me dais. ¡Quién al veros en aquel retiro se persuadirá de que sois la Madre de Dios, de que el niño hermoso que está á vuestro lado es el mismo Dios! ¡Ah, cuán dulce os fue aquel retiro en que á solas gustasteis de las caricias de Jesus! Vuestra conducta me enseña que solo en el retiro encontraré á Jesus y podré amarle. Yo propongo imitaros y llevar una vida recogida y agena al tumulto del siglo. Ayudadme, Madre mia, y todo me será posible, y en todas partes hallaré á Jesus, y me uniré á él de todo corazon.

DIA 29.

FERVOR.

—

En todas vuestras oraciones proponeos por modelo el admirable fervor de María.

1.º Es el fervor un ardiente y eficaz deseo de corresponder fiel y perfectamente á la vocacion de cada uno; es un efecto de la caridad que ardiendo siempre, consume sin cesar cuanto no es perfecto, para que el hombre sea todo de Dios. Por ello dicen las sagradas letras: en todas tus obras guarda tu preeminencia (1) y desea siempre nuevos y mejores carismas, porque la vida del justo es una luz brillante

(1) Eccl. XXXIII. 23.

ya en la aurora, y que aumentando en resplandores crece hasta el medio dia (1). ¿Obras tú así, alma mia? Teme que tu fervor decaiga, y Dios te amenace por tu tibieza como al ángel de Laodicea, diciendo que te arrojará de su seno (2).

2.º María nos presenta en su vida el modelo mas perfecto de fervor. Adornada en su primer momento de mayores gracias que todas las criaturas juntas, comprendió la grandeza de su mision, y se propuso no decaer un punto en su cumplimiento, antes bien crecer sin descanso. Ella oyó la voz que la decia: Levántate y dáte prisa, amiga mia, y ven (3): y grabando en su corazon estas palabras, las tuvo siempre ante los ojos de su alma, para animarse á cumplir lo que Dios exigia de su amor, y de este modo logró esceder en el celo y en el fervor á los mismos serafines. Apren-

(1) Prov. IV. 8. (2) Apoc. III.
(3) Cant. Cantic. II. 10.

de de tu Madre, alma mia, á encender el fervor en tu corazon. Para ello, esfuérzate en conocer la grandeza de tu destino, la grandeza del amor que Dios te tiene, la grandeza del amor que tú le debes, y del premio que te promete: ¡Ah! ¡cuán admirables frutos te producirá esta consideracion!

3.º María, no solo fue fervorosa en sus deseos y en sus propósitos, sino tambien en la práctica de estos propósitos, y en la egecucion de todas sus acciones. Desde su nacimiento se entregó en manos de Dios, haciéndole dueño absoluto de todo su sér para que obrase en ella sus designios, y no se consideró ya sino como instrumento de Dios. Todas sus acciones por mínimas que fueran, eran para María medios de llegarse á Dios, de darle gloria y obtener su amor, y por ello todas sus obras y todas sus palabras eran pronunciadas y practicadas con fervor tan admirable cual no lo tuvieron en sus mas heróicas empresas los mayores santos. ¡Alma mia! El fervor no consiste en anhelar acciones grandes y deseos heróicos, sino en practicar con perfeccion las ordinarias de la vida. María te lo enseña, y te enseña tambien que así es como te dispondrás para que Dios te proporcione obras mayores si conduce á su gloria y á tu felicidad. Enciérrate pues en el círculo de tus deberes y tu vocacion, y practícalo todo con fervor y con perfeccion siempre creciente.

AFECTO.

—

¡Oh María! yo contemplo vuestro hermoso corazon como ardiendo en el fuego abrasador que os consumia durante vuestra vida, y que me da una idea de vuestro fervor. Si despues miro al mio, me veo tan tibio, tan frio, que me avergüenzo y temo presentarme á Dios. Mis oraciones, mis trabajos, mis palabras, todo está vacío de fervor, y ni aun deseos eficaces advierto en mi interior. Compadeceos de mí, Señora, y prended en mi corazon una chispa del fervoroso fuego de caridad, que arde en el vuestro, para que me encienda, y en alas de mi fervor, busque á Dios en todas las cosas, y no descanse hasta llegar á la perfeccion que el Señor exige de mi alma. No me dejeis, Señora, y sin tropiezo llegaré al término, y seré todo de mi Dios, y para siempre de mi Dios.

DIA 30.

DESEO DEL CIELO.

Pedid á la Virgen Santísima que os asista en el momento de vuestra muerte, y que os abra las puertas del cielo.

1.º El hombre ha sido criado para Dios, y su fin último es amarle y gozarle eternamente en el cielo. ¿De qué sirve pues al hombre ganar todo el mundo, si perdiendo su alma queda privado de esta felicidad para que fue criado (1)? Todo es transitorio, todo perece, solo Dios es eterno é inmutable. El alma, pues, que es inmortal, no debe fijar sus deseos en lo que es menos que ella. Debe aspirar siempre á la felicidad del cielo, y á la fruicion de Dios. He aquí lo que debe formar siempre el objeto de sus votos y deseos, diciendo como David: ¡Oh cómo se prolonga nuestro destierro (2)! y con el Apóstol: deseo desatarme y estar con Cristo (3). Alma mia, ¡cuándo estarás tan penetrada de esto, que repitas sin cesar estas palabras!

2.º No se puede desear ardientemente el cielo, mientras el corazon esté pegado á la tierra; y no está el corazon libre de la tierra, mientras no ama á Dios con todas

_____

(1) Luc. IX. 25. (2) Ps. CXIX. 5.
(3) Philip. I. 23.

sus fuerzas. He aquí por qué María Santisima tenia todo su corazon en el cielo y
suspiraba sin cesar por el momento de
romper los lazos de la carne, y volar al
seno de su Dios. Le amaba sin reserva, este
amor le hacia mirar con desprecio los bienes terrenos, y sin interrupcion la llevaba
con sus deseos al seno de su Dios: como la
esposa anhelaba la vista de su amado, hasta el punto de que su muerte fue obra de
ese amoroso deseo de estar con Dios. ¡Oh
cuán distinta es tu conducta, alma mia!
Si deseas el cielo es solo con tibieza y con
sentimiento de dejar el mundo. ¡Cuán
cierto es que tu amor á Dios es débil y
remiso!

3.° El deseo del cielo por mas ardiente
que fuese en María, no era sin embargo
tan indiscreto que le hiciese olvidar sus
deberes, y mirar su permanencia en la
tierra como una desgracia. Esto no existe
sino en las almas mezquinas y poco ilus-
tradas con la luz de la fe. María estaba

persuadida que el camino del cielo está en la tierra, está en el cumplimiento de los deberes, está en la práctica de las virtudes, está en el deseo eficaz de llegar á él, y en el empleo de cuantos medios á él conducen. Por ello á nada se negaba, en todo hallaba consuelo, porque en cada obra, en cada trabajo, en cada privacion veía una grada de la escala que la conducia á su término, y la subia con fervor. ¡Alma mia! ¿Deseas el cielo del mismo modo que María? Persuádete de que es vano todo deseo, cuando no se ponen los medios para lograr su cumplimiento; y bajo la proteccion de tu buena Madre, corre ligera por el camino recto, que son los mandamientos del Señor.

AFECTO.

—

¡Oh María! cuyo corazon estuvo siempre fijo en el blanco de sus deseos, que era Dios y el cielo! enseñadme á no apartar mis ojos de ese término feliz para que fuí criado. Apartadlos de las engañosas delicias de la tierra, para que no halle gozo en cosa alguna, ni ame otra cosa que á Dios. Especialmente, Señora, en mi última hora venid á mi lado, hacedme olvidar á todo el mundo, encended en mi alma un vivo deseo de estar con Vos en el cielo, para que muera á impulsos de este deseo, como Vos. ¡Oh María! Vos lo podeis todo, y tambien podeis esto, Madre mia, concedédmelo, y no permitais que me aparte de Vos eternamente.

DIA 31.

PERSEVERANCIA.

Pedid á menudo y con mucho fervor á la Vírgen Santísima que os alcance el don de la perseverancia.

1.° El que perseverare hasta el fin se salvará, dice el Señor (1); y solo el que perseverare hasta el fin, porque ninguno que pone la mano en el arado y vuelve atras los ojos es apto para el reino (2). En vano es practicar la virtud, si no se persevera en ella; en vano es ser devoto de Maria, si no somos constantes en su amor

(1) Math. XXIV. 13. (2) Luc. IX. 62.

y su servicio. Dios sin embargo no está
obligado á darnos la perseverancia, es un
don gratuito de su amor; pero nosotros
podemos alcanzarlo y aun merecerlo de
cóngruo. ¡Quién nos lo alcanzará mejor
que María! Alma mia, trabaja sin descanso en tu santificacion, pide á María Santísima que te alcance el don de la perseverancia, y no temas.

2.° La palabra perseverancia puede
tomarse en dos sentidos: como el don ó la
gracia de morir en el amor y amistad de
Dios, ó como la constancia del hombre en
la práctica sucesiva de las virtudes. En
este segundo sentido se nos presenta tambien María como el modelo mas propio
para nuestra imitacion. Si recorremos su
vida veremos una perfecta constancia en
la práctica de todas las virtudes, y en el
egercicio de todas aquellas acciones que
podian afianzarla en el amor de Dios. He
aquí, alma mia, la perseverancia á que
estás obligada, y que ha de ser el princi-

pio de la perseverancia final. Fija los ojos en María y encontrarás tu modelo.

3.º María es la Madre de la perseverancia, y la alcanza con su intercesion poderosísima á todos sus verdaderos devotos. En esto se funda la máxima de los Santos que dicen: ser moralmente imposible que el verdadero siervo de María no se salve. Porque el hombre no se salva, sino por la gracia; la gracia está en las manos de María, y esta tierna Madre, toda misericordia, no la niega jamás, especialmente en la última hora, á sus devotos que la invocan con amor y confianza. He aquí por qué esclamaba un amante fervoroso de María: con vuestra proteccion estoy tan seguro de perseverar y lograr el cielo, como si ya estuviese en él. ¡Oh qué motivo tan poderoso para no desmayar en el servicio de esta Reina! Persevera, alma mia, en el amor de María; confia en ella, y no serás confundida: tu salud es cierta.

AFECTO.

—

¡Oh María! la consideracion de mi debilidad me hace temblar por mi salud eterna ; pero la esperanza en vuestra proteccion me infunde una seguridad inesplicable, ¡Ah ! Vos, Reina del cielo y de la tierra ; Vos, Madre de misericordia ; Vos, mi tierna madre ¿podreis abandonarme si acudo á Vos? Si alguna vez hubiera esto sucedido podria aun temer ; pero vuestro amor me tranquiliza , vuestro poder me infunde una esperanza segura. Yo no os dejaré , Madre mia , no me dejeis Vos , y seré salvo. Jesus concede cuanto le pedís, pedidle para mí el don de la perseverancia , y hacedme santo.

TRÍDUO

DE PREPARACION

PARA CELEBRAR LAS FESTIVIDADES

DE LA SANTISIMA VIRGEN.

Una de las devociones mas útiles para celebrar dignamente las fiestas de la Santísima Vírgen, es la de prepararse á ellas con Triduos y Novenarios, en que el alma, meditando las escelencias y grandezas de Maria, se anima á imitarla, crece en su amor, y le rinde los homenages mas puros de su corazon. Hé aquí por qué presentamos á los amantes de María este Triduo el mas á propósito en nuestro concepto para el obgeto.

DIA I.°

Hecha la señal de la Cruz se dirá:

℣. Dignare me laudare te, Virgo Sacrata.

℞. Da mihi virtutem contra hostes tuos.

ORACION PARA TODOS LOS DIAS.

Dios y Señor de todas las criaturas, á quien plugo escoger entre todas la mas perfecta y la mas pura que sirviese cumplidamente á los altos designios de vuestra misericordia, dignaos admitir el buen deseo que me dais de obsequiar á la Vírgen María, Madre de vuestro Unigénito. Concededme sentimientos de humildad, reve-

rencia y amor bastantes para que empleándome en su veneracion y culto, me disponga dignamente para celebrar su próxima solemnidad, y con ello contribuya á
vuestra gloria y la de una Vírgen la mas
afortunada, y consiga el remedio de mis
necesidades espirituales y aun corporales,
si me conviene, y sobre todo firmeza en
la fe, dilatacion segura en la esperanza, y
total aumento en la caridad. Amen.

MEDITACION.

—

Amor de Dios, pág. 359.

Leidos los tres puntos, se dirá el siguiente

AFECTO Á LA SANTÍSIMA VÍRGEN.

¡Oh María, Vírgen inefable! Contárame
por muy dichoso si consiguiese benigna

acogida ante el trono de vuestra grandeza. Sola Vos fuisteis escogida Hija predilecta del Altísimo, y en Vos admiro un caudal de gracias y virtudes que os hacen justamente reconocer privilegiada y henchida de carismas celestiales. Pero ¡cuánto me sorprende la riqueza de vuestra caridad! Sola María desde el primer instante de su ser inmaculado, amó perfectamente á Dios, le amó mas que todos los espiritus bienaventurados, le amó del modo mas digno que pudiera amarle otra criatura. Su amor al prógimo fue segun la medida de la ley. Ahora, llena de poder, lo muestra bien desde el cielo en favor de los miserables hijos de Adan. Esto siente mi corazon, esto reconocen mis ojos, ¡oh María mi dulce Madre! Aquí á vuestros pies postrado humildemente os pido me alcanceis del Señor perdon de todas mis miserias, y principalmente de haber tan mal cumplido el precepto de la caridad para con mi Dios y mi prógimo. Interesad por mí ¡oh Madre mia, el poder del Padre celestial, para que lleno y ardiendo en la caridad de Dios, cumpla perfectamente su ley, y sea vuestro fiel imitador. Amen.

Se hará una breve pausa, pidiendo á la Purísima Vírgen María la virtud de la caridad con las demás virtudes, y el remedio de la necesidad que mas interese; y despues de rezar devotamente cinco Ave Marías en reverencia de la escelencia del Santísimo Nombre de María, se concluirá con la siguiente

PETICION.

—

Ahora que es tan colmada vuestra caridad ¡oh Vírgen María! ahora os pido encarecidamente rogueis al Señor por mí para que toda mi vida sea en cuanto permita mi flaqueza un contínuo acto de caridad para con mi Dios y para con mis hermanos. ¡Ojalá lograse ser vuestro imitador! Mirad compasiva todas las necesidades de mi alma, y juntamente todas las de la Iglesia católica, y las de todos aquellos por quienes debo orar, particularmente por tantas almas tibias, para que prendiendo en ellas el fuego del santo amor, corran en pos de la fragancia de vuestras virtudes, por los caminos de la divina voluntad. Amen.

Tres salutaciones á la Santísima Virgen, pág. 34.

DIA 2.°

MEDITACION.

Humildad, pág. 263.

Leidos los tres puntos, se dirá el siguiente

AFECTO.

¡Oh María, Virgen admirable! si mi alma contempla vuestras virtudes, desfallece á vista de su grandeza; pero si mira atentamente los egemplos de vuestra humildad, se abisma y se confunde. Así como Jesus, vuestro amado Hijo, bajó del cielo para enseñarnos á ser humildes, asi Vos que habeis sido elegida para su verdadera

26

Madre, porque erais humilde por escelencia entre todas las criaturas, sois despues de él un modelo el mas perfecto de esta virtud preciosa: los tesoros inestimables de vuestra santidad han tenido el fundamento mas seguro en el conocimiento de Vos misma. Así es, que vuestro espíritu se ha regocijado únicamente en Dios, y por confesar Vos públicamente vuestra pequeñéz, os llaman ahora dichosa todas las generaciones (1). Confieso, Madre mia, á vuestras plantas la causa de haberme estraviado tan lejos de mi Dios. Mi orgullo me ofuscó, mi natural soberbia me cegó para que no viese hasta qué punto me apartaba del sumo Bien. Confio en vuestro amparo: espero sentir los efectos de vuestra proteccion. Deseo ser humilde de corazon para ser discípulo perfecto de mi Señor Jesus, vuestro hijo. Y aunque tengo desmerecida esta gracia, me la prome-

(1) Luc. I. 47. 48.

to de vuestros ruegos tan eficaces como poderosos. Os miraré como mi Maestra, y con la gracia del Señor copiaré con cuidado vuestros egemplos, que son las mas poderosas é importantes lecciones, y desde el abismo de mi nada, clamaré al Redentor de mi alma, y ya no querré gloriarme mas que en la Cruz en que se humilló por mi amor (1). Amén.

Se hará una breve pausa, como se dice en la pág. 399, pidiendo la virtud de la humildad, y luego la siguiente

PETICION.

Aunque lleno de confusion por mi desmedido orgullo, viéndoos, oh María mi amorosa Madre, tan parecida á vuestro divino Hijo en la humildad, me acercaré confiadamente á Vos, y con rubor confesaré mi soberbia que me hizo rebelde contra

(1) Gal. VI. 14.

mi Dios y Redentor. Sois Madre de los discípulos de Jesus por su espresa voluntad: rogad por el mas necesitado de vuestros hijos, para que penetrado de un profundo conocimiento de mí mismo, siga como Vos misma las sendas de la humildad del corazon. Interesaos por el remedio de todas mis necesidades, y las de la Santa Iglesia Católica, con las de todos cuantos tengan derecho á mis oraciones, y particularmente por la conversion de los pecadores, para que viendo con luz del cielo como crucifican á Jesus, se humillen, hagan fructuosa penitencia, y alcancen segura misericordia. Amen.

Tres salutaciones á la Santísima Virgen, pág. 34.

DIA 3.º

MEDITACION.

—

Pureza de corazon, pág. 268.

Leidos los tres puntos se dirá el siguiente

AFECTO.

¡Oh, si yo tuviese la lengua é inteligencia de los Querubines para publicar hoy vuestra pureza, ó Vírgen inmaculada! El Espíritu divino que os consagró para ser arca viva del Unigénito de Dios, os colmó de santidad y pureza, y os escogió para su afortunada Esposa. Digna sois, oh María inmaculada, de las mas espresivas alabanzas, pues tan bien correspondisteis á las singulares distinciones que os dispensó el Altísimo. Sois en verdad toda hermosa, sin que se encuentre mancha ni lunar en Vos (1). Purísima fue desde el primer momento vuestra alma; purísimo fue vuestro cuerpo virginal; purísimos vuestros pensamientos, vuestros deseos, vuestras acciones; azucena sois fragantísima que recrea y atrae las almas enamoradas de Jesus. Esta dulce consideracion me anima y alienta sobre manera, á pesar de mis deméritos, para acercarme confiado á Vos. No fueron puras mis obras, ni mi corazon cual debiera ser despues de consagrado en el bautismo como templo del Espíritu Santo. Vos, como su mas querida Esposa, interpondreis vuestra eficáz mediacion para que logre el perdon de cuanto de mi parte he contristado al Espíritu de santidad, y para que en adelante conserve puro mi corazon hasta del mas leve afecto de la

(1) Gant. Cantic. IV. 7.

tierra, no deseando ni suspirando mas que por bienes celestiales, hasta que un dia con los ángeles y santos, admire y alabe vuestra pureza en la patria celestial. Amen.

Se hará una pausa como se dice en el dia primero, pág. 399, pidiendo la virtud de la pureza, y despues la siguiente

PETICION.

—

Bendita sois mil veces, ó purísima María, pues plugo á la bondad divina haceros tan pura, tan santa, tan perfecta. Mirad, Madre mia, la necesidad del menor de vuestros hijos: bien sabeis cuán puro debo ser en la presencia del Señor, á quien acatan los ángeles, y espero conseguir por vuestro medio esta gracia tan importante para un cristiano, y tan necesaria para el digno desempeño de mi vocacion. Alcanzadme de vuestro divino Esposo pensamientos puros, palabras santas y obras de justicia, para que ceñido de pureza y fortaleza, espere la venida de mi Dios, como Señor de mi alma. Mirad compasiva mis necesidades y las de la santa Iglesia Católica, con todas las de todos los que tienen derecho á mis oraciones, y muy en particular rogad por los que luchan en su última agonía, para que venciendo las sugestiones del maligno, salgan bien puros de esta vida miserable, y logren para siempre el ósculo del Señor. Amen.

Tres salutaciones á la Santísima Vírgen, pág. 34.

Dia de la fiesta. — Oracion para todos los dias, pág. 32. Luego la meditacion propia del misterio del dia, despues la consagracion á la Santísima Vírgen, página 244, y las tres salutaciones, pág. 34.

AFECTOS PIADOSOS

A MARÍA SANTÍSIMA.

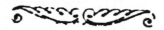

CORO.

—

Con dulces acentos
felíz lengua mia,
ensalza á María
mas bella que el sol.

—

Eleva mi alma
cuan alto es el cielo
con súbito vuelo
su ansioso anhelar:

Y en nube celeste
subido en un punto,
al ángel me junto
y empiezo á cantar:

—

¡O dulce María!
el ángel y el hombre
bendigan tu nombre
mil veces y mil.
    Tu nombre á mi boca
cual miel regalada,
con flores labrada
del plácido Abril.

—

Hechiza, embebece
tu amable dulzura,
divina hermosura,
sonrisa y candor.
    Te invocan mis labios,

y siento una llama
que el pecho me inflama
y aviva el ardor.

—

Y brota del alma
copiosa alegría:
¡O cuánto daria
por verte una vez!
Tus ojos convierten,
si miras propicia,
en gloria y delicia
la triste aridéz.

—

Pues son tan amables,
ó Vírgen divina,
á mí los inclina
con blando mirar.
Y al ver tanto halago
derrítame luego,

cual cera que al fuego
se ve liquidar.

—

Y dicha inefable,
y gozo esquisito,
y bien infinito
de la alma Sion.
　La ensalzan Querubes
en fúlgido coro;
las arpas de oro
modulan el son.

—

Ni el sol es tan grato
de Mayo á la rosa
que ostenta donosa
su gracia y color.
　Y el seno le abre;
su gala campea,
y el aura recrea,

balsámico olor.

—

Si tú me mirares
afable , halagüeña
con boca risueña,
¿mi pecho qué hará?
Saltar de alborozo,
y estorbos rompiendo,
el alma saliendo
á ti volará.

—

Volemos, volemos
al cielo , alma mia,
buscando á MARÍA
Que allí se ha de ver:
Allí de sus hijos
es premio y victoria,
y júbilo y gloria,
y eterno placer.

—

La mira el Eterno
con suma caricia,
inmensa delicia
y amor divinal.

Pues si eres tan bella
que Dios se embriaga,
¿qué quieres que haga
un débil mortal?

—

¿Qué hará , Madre mia?
de amor derretirse,
de amor consumirse,
morirse de amor.

Volar á los cielos,
en ti embelesarse,
gozar y saciarse
de plácido amor.

AFECTO (1).

—

¿Sabes qué quiero
dulce María?
esperanza mia,
te quiero amar.

Quiero estar , Reina,
siempre á tu lado:
no con enfado
me despidais.

Y ved en cambio,
Madre amorosa,

(1) Las siguientes cinco composiciones
están tomadas de las Glorias de María de
S. Alfonso María de Ligorio, y traducidas
libremente del italiano para esta obrita por
D. F. de S. Ch.

mi fe ardorosa

que os ha de dar.

Aquí está mi alma;

dar mas no puedo.

sin ella quedo;

vuestra será.

Que Vos , Señora,

ya la aceptaste

cuando la amaste

y os amó ya.

Nunca pues cese

hasta ir al cielo

mi dulce anhelo

de eterno amar.

Invocacion

á María Santísima, como Madre nuestra.

CORO.

Sois pura , sois pia,
sois bella , oh María.
¡Cuán dulce es cantar
que Madre mas dulce
ni en cielo ni en tierra
se puede encontrar!

O Madre dichosa,
de Dios joya hermosa,
¡tu grande piedad
qué grata esperanza,
qué tiernos consuelos
á todos nos da!

27

¡Oh Madre piadosa!
¡oh Madre amorosa!
por mí suplicad
al Señor que admita
los dones que ofrece
mi afecto filial.

—

¡Oh Reina del cielo!
tu materno celo
no sufre jamás
quede abandonado
el que humilde sabe
tu ausilio implorar.

—

¡Oh Madre divina!
tus ojos inclina
hácia este mortal,
que todas tus glorias
por siempre en el cielo
anhela cantar.

CANCION

EN HONOR

DE MARIA SANTISIMA.

Oh bella esperanza mia,
María mi dulce amor!
en ti está mi luz, mi vida,
en ti mi paz interior.

Cuando te contemplo y llamo,
crece tanto mi fervor,
que de gozo y de contento
se agita mi corazon.

Si alguna idea siniestra
me causa perturbacion,
se disipa el mal, apenas
recurro á tu invocacion.

En este mar borrascoso

tú eres la estrella de amor,
que á mi alma le señala
el puerto de salvacion.

Tu manto sea, Señora,
mi sombra, mi proteccion,
él me cubra y él recoja
mi postrer respiracion.

Que si amándote, yo logro
morir en tu dulce amor;
dulce aquí será mi muerte,
y en el cielo el galardon.

Estended vuestras cadenas;
estrechad mi corazon;
y de tu amor prisionero
y esclavo fiel sea yo.

Recibid, Señora mia,
esta devota oracion;
y pues que todo soy vuestro
llevad mi alma al Señor.

A MARÍA SANTÍSIMA

NUESTRA REINA.

Desde el celeste trono,
María, conceded
piadosa tus miradas
al menos una vez.
Y si á piedad no sientes
tu corazon mover,
nosotros te rogamos
que mires nuestra fe.
Cierto es que somos reos
de la muerte del Señor,
y que airado con nosotros
está aun su corazon:
Mas si os dignais aplacarle
basta vuestra mediacion;
con una sola palabra

desarmareis su rigor.

Decidle ¡oh escelsa Reina!
si nos quereis amparar,
decid que somos tus hijos,
y Dios nada os negará.

Pues aunque nuestras miserias
indignos nos hacen ya
de llamarnos hijos vuestros,
sois Madre de gran piedad.

Abridnos pues vuestro manto,
el manto de vuestro amor,
donde hallemos acogida
y perdamos el temor.

¡Oh cara y dulce María!
escuchad nuestra oracion,
vuelve tus ojos piadosos,
sálvenos tu intercesion.

A MARÍA SANTÍSIMA

NUESTRA SEÑORA.

Cuando pienso en la dicha
De ser tu hijo, oh María,
Toda pena, oh Madre mia,
Se aleja entonces de mí.
Porque siendo Vos mi Madre,
Madre tambien de mi Dios,
¿Qué he de temer si Vos
Siempre en mi amparo venís?
  Solo temo no ser digno
De amaros hasta la muerte;
Mas felíz será mi suerte
Si amaros logro hasta el fin.
Sin ti se convierte en pena
La mas segura alegría;

Mas contigo, Madre mia,
Es alegre hasta el morir.

   El que por guia te toma
No puede errar el camino,
Seguro tiene el destino
En el cielo en pos de ti.
¡Oh! feliz el que de amor
Te conserve viva llama!
¡Oh! feliz el que te ama
Y en tu amor logra morir!

   Haz, oh Reina, que yo te ame,
Y que mi amor me abra el cielo,
Donde tu beldad sin velo
Admirar pueda sin fin.

ORACION

A LA SANTISIMA VIRGEN

AL PIE DE LA CRUZ (1).

Yo soy quien la muerte, Madre mia,
Ha dado á tu Jesus : quien en tu pecho
La espada clavó, y fiera agonía
En el monte fatal sufrir te ha hecho.
¡ Ay ! que no advertia en mi delirio
Ser yo la causa de tu cruel martirio.

---

(1)   Esta oracion se publicó por primera vez en la Semana Dolorosa del difunto Prefecto del Seminario Conciliar de esta Ciudad, y Rector despues del de Cuenca, D. Ambrosio Llosá, Presbítero.

¡Ah! yo anduve velóz por el camino
Que al pecado tan solo condujera;
Y al lanzarme por él, corrí sin tino
Al esceso que mi alma no previera.
Recuerdos que mi pecho han lacerado
De mi culpa ha sido el resultado.

   ¿Y á quién, Señora, en mi amargura
Clamaré sino á ti, que en tu quebranto
El cáliz apuraste de tristura
De la Cruz bajo el leño sacrosanto?
Tú lloraste allí á tu Jesus perdido,
Yo lloro aquí porque le he ofendido.

   Tú sola, pues, tú que reclinada
Junto á la Cruz encargo recibiste
De amparar á toda alma desolada
Que en tu dolor como hija concebiste;
Sola tú dar puedes á mi alma
El dulce perdon, la deseada calma.

   Sí, Madre mia, sí; pide á tu Hijo

Que ves difunto de la Cruz pendiente
La súplica escuche que por ti dirijo;
Y mirándome ambos con mirar clemente,
Dadme el perdon que en mi alma infunda,
Grata esperanza, y una paz profunda.

B. Sanz.

RAMILLETE DE FLORES

EN HONOR

DE MARIA SANTISIMA,

PARA EL MES DE MAYO.

CORO.

Si ramos de hermosas flores
Mayo le ofrece á María,
Ofrézcale el alma mia
Flores de virtud y amor.

LA AZUCENA.

Bella flor es la azucena
De alto cáliz nacarado,
En que está simbolizado
El angelical candor;
Pero otra azucena veo

Mas candorosa y lozana:
Es la Vírgen soberana,
Es la Madre de mi Dios.

EL CLAVEL.

—

Sobre su tallo se eleva
Del clavel la gentileza;
Significa la pureza,
Que es grato y puro su olor;
Pero es mas pura María,
Clavel ahora del cielo,
Cuya pureza en el suelo
Fragancia eterna dejó.

EL JAZMIN.

—

Amor tierno simboliza
El jazmin, bella figura
De la maternal ternura

Que la Vírgen nos mostró.
Ternura de escelso orígen;
Que humano amor no consiente
Perder un hijo inocente
Y adoptar al pecador.

EL AZAHAR.
—

Como velo virginal
En blanca nube se ostenta
El azahar, y representa
La nube que Elías vió:
Y velo y azahar y nube
Especie son misteriosa
De la Vírgen mas hermosa
Que el orbe de amor llenó.

LA ROSA.
—

Reina de todas las flores

Por su belleza'es la rosa;
Pero Dios flor tan graciosa
Con espinas rodeó.
Y al concebir la mas bella
De todas las criaturas,
Dióle espinas.... de amarguras
Que en el Gólgota sufrió.

LA VIOLETA.

—

Y si con faja morada
El ramillete de flores
De simbólicos colores,
Violeta humilde ciñó:
Tambien á las perfecciones
De la Reina Inmaculada
Su humildad acrisolada
Mayor realce les dió.

F. DE S. CH.

LETRILLA.

CORO.

—

Véante mis ojos
María suprema,
Véante mis ojos
Al punto yo muera.

—

Eres , oh María,
tan linda y tan bella,
que al sol aventajas
á luna y estrellas.
El cielo á tu vista
oscuro se muestra,
y todos les astros
parecen tinieblas.

Tu amor resplandece
en la sacra esfera
de tu bello rostro
que al mundo embelesa.

Tus ojos divinos
son luces que alegran
la Córte del cielo,
y á Dios le festejan.

Si yo fuera digno
de verte, gran Reina;
si yo tu hermosura
ver cerca pudiera;

¡Ay Dios! que en tal dicha
absorta estuviera
mi alma anegada
en luces inmensas.

Piadosa te llaman,
clemente te ostentas,
propicia te dicen,

28

benigna te muestras.

¡ Oh sacra María,
si vuestra belleza
mis ojos dichosos
ahora la vieran !

¡ Qué gloria tan grande,
qué gozo tuviera,
mirando tu cara
de gracia y luz llena !

Despues de Jesus
no hay mayor belleza,
porque tu hermosura
todas las supera.

Tú sola eres linda,
tú sola eres bella,
tú sola graciosa,
tú sola discreta.

Tus tiernas entrañas
de miel están llenas,

y tu tierno pecho
dulzuras engendra.

Del Hijo eres Madre,
del Padre Hija tierna,
y del Paracleto
Esposa suprema.

Del cielo eres gloria,
del mundo Prinçesa,
ninguno te iguala,
y á todos te elevas.

El bien que le viene
al hombre en la tierra,
de ti se deriva
cual fuente risueña.

Piedad eres toda,
bondad y clemencia;
así los favores
por ti Dios dispensa.

En el sacro empíreo

donde hermosa reinas,
allí te veamos
sin tasa ni mengua.

¡Qué dulces coloquios,
qué palabras tiernas
te diré, María,
cuando allá te vea!

En ti mi esperanza
sus áncoras echa,
y todos los bienes
de ti los espera.

Mi afecto te estima,
mi pecho te aprecia,
mi lengua te alaba,
mi voz te confiesa.

Mi vida te entrego,
mi sér, mis potencias,
acéptalo todo
pues eres mi Reina.

A LA VIRGEN
EN SU MES DE MAYO.

CORO.

—

No flores mezquinas
quereis de este suelo;
su aroma hasta el cielo
no puede volar.

—

¿Quereis sacrificio
de amor y pureza?
¡qué rara belleza
ostenta esta flor !
Su esmalte divino
al cielo estasía,
y á Vos ¡ oh María!
os place su olor.

¿Quereis amorosos
latidos ardientes,
y votos fervientes
de honor, gratitud?

Tan blancos jazmines,
tan bellos claveles
solo en sus vergeles
ofrece virtud.

Corred pues, donceles,
llegad á María,
su rostro alegría,
su pecho es amor.

Allí en canastillos,
que son corazones,
poned esos dones,
rendidla esa flor.

IMPROVISACION
A LA VIRGEN MARIA,
MADRE DEL AMOR HERMOSO
EN EL MES DE LAS FLORES.

CORO.

—

Recibe, Virgen María,
Madre de mi Redentor,
La humilde flor que te envia
Este triste pecador.

—

Eres tú rosa escogida
De los vergeles del cielo,

Y bajastes á este suelo
Con tu aroma y tu candor,
   Para embalsamar la vida
De los míseros mortales
Que olvidan todos sus males
Con tu esencia... *¡bella flor!*

   La azucena que enamora
Con su cándida belleza
A tu célica pureza
Hoy retrata con primor:
   Y tú, cual Reina y Señora
De las nítidas esencias,
Enamoras las conciencias
De tus siervos..., *¡pura flor!*

   El jazmin que el cielo cria
De aromática fragancia
Que se esparce por la estancia,

Que te ensalza con fervor,
  No compite , fiel María,
Con tu esencia encantadora,
Que es consuelo del que llora
Su pecado.... *¡casta flor!*

  Tú embalsamas , Madre tierna,
Nuestros huertos y jardines,
Y del mundo los confines
Tú recorres con tu amor.
  Toda beldad se prosterna
Ante tu belleza rara,
Y de ti solo esperára
La salud.... *¡cándida flor!*

  Erizado es el sendero
Que pisamos los mortales....
En las vias terrenales
Hay abrojos.... hay dolor!

El camino verdadero
Eres tú, Vírgen piadosa;
Tú la Madre bondadosa
Del mortal.... ¡*mística flor!*

Eres, Reina Soberana,
Nuestra Madre y compañera,
Y la dulce primavera
De las flores y el amor:
El raudal de donde mana
Tanta dicha á la natura
Eres tú, perfecta hechura
De tu Dios.... ¡*virgínea flor!*

Bello y grato, puro, hermoso
El mes de Mayo amanece,
Y con sus flores acrece
De tus hijos el amor:
De tu pecho cariñoso

Hoy esperan las delicias
De vivir con las caricias
De tu amor.... *¡ célica flor !*

Vírgen bella , Madre amada,
Jazmin y pura azucena;
Rosa de virtudes llena,
Y esposa del Santo Amor:
Dirigid una mirada
A los tristes pecadores
Que consagran hoy sus flores
A tus pies.... *¡ eterna flor !*

FRANCISCO REIG Y LLOPIS.

LETRILLA

EN LOOR

DE LA SANTISIMA VIRGEN MARIA,

Madre de Dios.

CORO.

—

María, Vírgen pura,
Madre del Hacedor,
Con cantos de ternura
Te alaba el pecador.

—

Tú concebida fuiste
sin culpa y sin mancilla;
á ti el mortal se humilla
y acata tu virtud:

De tí esperamos todos
la dicha y el consuelo,
pues eres de este suelo
la vida y la salud.

¡Oh Vírgen sacrosanta,
del hombre medianera...!
eterna primavera
en gracias y candor:
En ti se alegra el cielo....
por ti todo respira....
y todo el mundo admira
tu célico esplendor.

¡María! ¡flor preciosa!
plantel de rosas bellas
nacian de tus huellas
¡oh palma de Cadés!...
Del Líbano escarpado

el cedro se mecia:
y en ti se complacia
Sion y su ciprés.

El plátano frondoso
nacido entre la linfa,
jamás viera una ninfa
tan bella como tú.
Tus santas perfecciones
estático admiraba....
y hermosa te miraba
vestida de tisú.

La oliva delicada,
de paz emblema santo,
miraba con encanto
tu tez angelical.
Las copas del olivo
al verte se mecian,

y atónitas decian:
"Salud, Reina eternal."

El bálsamo suave
de dulce y grato aroma
en forma de paloma
te viera veces mil:
    Y humilde y escogida,
y pura y sacrosanta,
por Reina ya te canta
del célico pensil.

La aurora sonrosada
saliendo de su lecho
sentia ya en su pecho
tus gracias y poder:
    Y al verte tan graciosa,
tan pura y tan divina,
su faz leda, argentina

veia oscurecer....

El sol que su carrera
ufano recorria,
al ver , Vírgen María,
tu cándido arrebol,
   Paró , miró tu rostro,
y al puuto diligente
clamó, que mas fulgente
seria el nuevo sol.

   La luna silenciosa
allá en el firmamento
reia de contento
al ver tu gran virtud....
   Y atónita miraba,
colmada de alegrias
que tú siempre serias
del mundo la salud.

Los ángeles y santos
con faz pura y serena
te llaman »Madre buena"
con grande sumision:
   Pues tú , Reina divina,
de dotes celestiales
legaste á los mortales
la santa Redencion.

   El Padre sempiterno
por Hija te proclama;
el Hijo á ti te llama
la Madre de su sér.
   Y el santo , y el divino
Espíritu dichoso,
que fue tu caro Esposo,
te quiso enaltecer.

En fin , Madre divina,
de pureza increada,
dirige una mirada
al triste pecador,
   Que busca tu refugio
y anhela tu consuelo,
y verte allá en el cielo
dó reina mi Hacedor.

F. R. y Lt.

LETRILLA
A LA MADRE DE DIOS
Y DE LOS HOMBRES.

CORO.

—

Vírgen María,
Madre de Dios,
Sed la fiel guia
Del pecador.

—

Sola tú bella,
Sola tú pura;
Nuestra ventura,
Nuestra salud.

Lleno está el orbe
De tus consuelos,
Y tierra y cielos
De tu virtud.

—

En ti confian
Los pecadores
Que con las flores
Del corazon,
    A tus pies llegan,
Sus faltas lloran,
Y de ti imploran
Su salvacion.

—

Reina divina,
Dulce y graciosa,
Madre piadosa
Del pecador:
    Estos tus hijos

Con tiernas preces
Una y mil veces
Cantan tu amor.

—

Flor delicada,
Pura y modesta,
De la floresta
Del Santo Edén;
Eres tú, Vírgen,
Y su fragancia
Con elegancia
Orna tu sien.

—

Si eres la Madre
De los amores,
Hoy nuestras flores
Aceptarás;
Si son mezquinas
Por ser mortales,

En celestiales
Las volverás.

—

Ante tus aras
Del santuario,
Que es relicario
De tu piedad,
    Mira á tus hijos,
Los desterrados,
Tus adoptados
De esta ciudad.

—

Eres la Madre
Del Rey del cielo;
¡Dulce consuelo
Del pecador!
    De ti esperamos,
Vírgen María,
Dicha, alegría,

Gracia y favor.

—

Páramo triste,
Rudo, infecundo
Seria el mundo
Sin tu esplendor.
Mas vino el dia
Puro y sereno
Que mi Dios bueno
Nos dió tu amor.

F. R. y Ll.

CONSAGRACION
DE LOS CORAZONES
A LA VÍRGEN MARÍA
EN EL ÚLTIMO DIA DEL MES DE MAYO.

HIMNO.

—

Gloria á Dios y á su Madre sagrada,
Clame el hombre con férvido amor;
Y consagre á la Vírgen amada
Los afectos de un fiel corazon.

—

A ti ¡oh Reina! consagran sus votos
Estos siervos que ves estasiados
De tu amor; y por él abrasados,

Solo anhelan morir á tus pies;

    Pues la vida es un mar de aflicciones
Dó naufraga el mortal sin tu amparo;
Así, gran Reina, serás nuestro faro,
Nuestro gozo, delicia y placer.

    Tú nos colmas de plácida calma,
Y te apiadas de nuestra flaqueza....
Es muy noble la regia grandeza
De tu gracia y eterno esplendor.
    De diadema inmortal coronada
Tú compartes el Trono Divino,
Y tu afan y saber peregrino
Solo atiende al mortal corazon.

    La guirnalda que ondea en tus manos
Es eterna, odorífica y bella,
Y el fulgor que radiante destella
Es acepto ante el Trono de Dios;

Pues las flores que ya te ofrecimos
Empapadas de humano rocío,
De fragancia ya exhalan un rio
Al mirar cabe sí tu candor.

Reina augusta, piadosa y humilde,
Protectora de todos los hombres,
Graba hoy en tu pecho los nombres
De los siervos que te aman con fe;
Y recibe los tiernos afectos
Que renacen en sus corazones,
Y estos dotes serán ricos dones
Para el alma que admira tu sér....

Madre pia, Beldad soberana,
Fuente eterna de paz y ventura,
Que derrama abundancia y dulzura
Por el huerto, pradera y vergel:
Mira afable las dulces ternezas

De tus siervos (pues son pecadores)....
Y recibe propicia las flores
Con que ornamos tu cándida sien.

Con deliquios de amor te admiramos,
¡Oh prodigio de gracia divina!
Eres pura y gentil clavelina
Arrullada en las auras de amor....
Eres perla que el cielo atesora,
Y esmeralda que el mundo venera:
Eres rica y feliz primavera,
Y eres Madre.... ¡la Madre de Dios!

A ti pues recurrimos nosotros
Con ardor y con férvido anhelo:
Abre, Vírgen, las puertas del cielo,
Y da asilo feliz al mortal.
Tierna Madre, recibe los pechos
Que te entregan humildes tus siervos,

Y haz que olviden los tristes protervos
Los senderos de la iniquidad....

Te ofrecemos ¡oh Reina del cielo!
El vivir aspirando tu esencia,
Y será nuestra tierna existencia
Preservada del lobo feroz....
    Consagramos ¡oh Madre piadosa!
A tu amor nuestros dulces amores....
¡Haz eternas las plácidas flores,
Reina y Madre del célico amor...!

F. R. y Ll.

A María Santísima.

Flor misteriosa de la ley de gracia
Eres tú , Reina y Vírgen soberana:
Bálsamo en la mortal desgracia,
Eres delicia de la raza humana.

GLOSA.

—

Corre el tiempo veloz , es la existencia
Cual soplo blando de la brisa estiva,
Y mira de los hombres la impotencia
Y en la patria infeliz se halla cautiva:

Mas vino el dia en que la sabia ciencia
Puso en los corazones la fe viva,
Y el mortal la abrazó con eficacia,
Flor misteriosa de la ley de gracia.

Desde entonces la estrella matutina,
Sonrie al verte, misteriosa Aurora,
Y te mece la brisa peregrina,
Y te besa el ambiente, mi Señora.
Cándida rosa de virtud divina
Velada por la mano protectora
De tu Dios, que de gracias te engalana,
Eres tú, reina y Vírgen soberana.

Nace la aurora sonrosada y pura,
Y al ver tus gracias de placer respira;
El aura se embelesa en tu ternura,
Y estasiado el rocío, á ti te admira.
El albor rubicundo, la frescura

De los prados amenos ya suspira:
Y eres del suelo la salud y gracia,
Bálsamo dulce en la mortal desgracia.

El sol ya alumbra la feliz pradera
Dó nace el árbol y la planta amena;
Las flores en su dulce primavera
Encuentran en tu amor su Madre buena:
Las aves de garganta plañidera
Ensalzan tu virtud con voz sonora;
Y tú, Madre de Dios, rosa temprana,
Eres delicia de la raza humana.

Salvadora del mundo , Madre hermosa,
Amparo del mortal que en ti confia,
Nada soy sin tu ausilio , Vírgen pia,
Tú me puedes salvar, Reina amorosa,
A ti entrego mi amor, Santa María,
María sacrosanta , flor preciosa,
Amor del mundo que en tu amor confía,
Reina del cielo , la sin par graciosa;
Intercede por nos , Madre amorosa;
A Dios ruega por nos , *Santa María.*

Puede reimprimirse:
Por decreto de S. E. I. el Arzobispo mi Sr.
Felix Gomez, Can.º Secret.º

PROTESTA DEL AUTOR.

Conformándome con los decretos de
Urbano VIII, de feliz memoria, protesto
que á todos los hechos, revelaciones, gracias y milagros citados en esta obrita, no
les atribuyo sino una autoridad puramente humana, á escepcion de los aprobados
y autenticados por la santa Silla Apostólica; y lo mismo declaro con relacion á los
títulos de Santo, Beato ó Bienaventurado
que se da á algunos siervos de Dios, so-
metiéndome en todo al juicio y doctrina
de la Santa Iglesia Católica, Apostólica y
Romana.

62

ÍNDICE.

Ramillete de flores místicas : segunda parte. Meditaciones sobre las virtudes de la Santísima Vírgen.

POESÍAS.

—

Lightning Source UK Ltd.
Milton Keynes UK
UKHW030624190522
403237UK00006B/363